Reden entwerfen mit der CD-ROM

Auf der CD-ROM finden Sie Dokumente und Software, die Sie bei Ihrem Training und bei Ihrer konkreten Redevorbereitung optimal unterstützen:

- In unserem Redenmanager können Sie mithilfe von pdf-Formularen Ihre Rede strukturiert entwerfen.
- Beispielreden dienen Ihnen als Vorlage für Stil, Aufbau und Struktur eigener Reden.
- Mit über 60 Zitaten können Sie Ihre Reden bereichern.
- Mit der Demoversion der „MindManager Enterprise Edition" können Sie Mind Maps erstellen und damit das übersichtliche Gerüst Ihrer Reden, Redeteile und Argumente. Und natürlich können Sie die Software auch für andere Projekte nutzen.

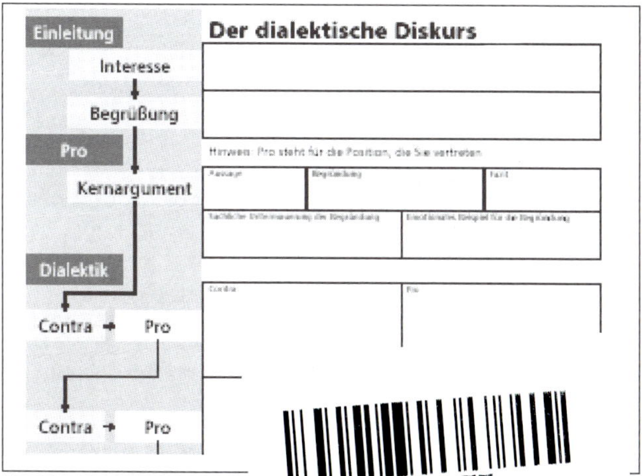

Bibliografische Information der Deutschen Bibliothek
Die Deutsche Bibliothek verzeichnet diese Publikation in der Deutschen Nationalbibliografie; detaillierte bibliografische Daten sind im Internet über http://dnb.ddb.de abrufbar.

ISBN: 978-3-448-08693-5
Bestell-Nr. 00762-0002

2. durchgesehene Auflage 2007

Postanschrift: Postfach, 82142 Planegg
Hausanschrift: Fraunhoferstraße 5, 82152 Planegg
Fon (0 89) 8 95 17-0, Fax (0 89) 8 95 17-2 50
E-Mail: online@haufe.de
Internet: www.haufe.de, www.taschenguide.de

Lektorat: Gisela Fichtl, Sylvia Rein
Redaktion: Jürgen Fischer
Redaktionsassistenz: Christine Rüber

Umschlaggestaltung: Simone Kienle, 70182 Stuttgart
Umschlagentwurf: Agentur Buttgereit & Heidenreich, 45721 Haltern am See
Cartoons: BAASKE CARTOONS, 79379 Müllheim, Björn Holm (3), Uli Olschewski, Ernst Hürlimann, Jiri Siliva, Klaus Puth, Jules Stauber
Desktop-Publishing: Agentur: Satz & Zeichen, Karin Lochmann, 83129 Höslwang
Druck: freiburger graphische betriebe, 79108 Freiburg

Zur Herstellung der Bücher wird nur alterungsbeständiges Papier verwendet.

Reden Trainer

Peter Flume

2. Auflage

Haufe

Inhalt

Das ist Ihr Nutzen

Vor Publikum frei zu reden, das Publikum zu begeistern und zu überzeugen – diese Fähigkeit lässt sich durch regelmäßiges Üben durchaus erreichen. Ich habe Ihnen dazu ein Trainingsprogramm aus meinen Seminaren zusammengestellt, mit dem Sie Ihre Redefähigkeit entwickeln. Sie haben verschiedene Möglichkeiten, den TaschenGuide zu nutzen:

- Sie absolvieren das vollständige Trainingsprogramm.
- Sie wählen anhand Ihrer Vorkenntnisse einen Abschnitt aus und steigen dort in das Trainingsprogramm ein.
- Sie entscheiden aufgrund Ihrer Redeerfahrung, mit welchen Übungen Sie sich noch verbessern können, und beschränken sich auf diese.

Sie können auf zweierlei Weise profitieren: Sie benutzen die Übungen als „Trockenübungen" – mit den angegebenen Beispielen oder eigenen Themen. Die meisten Übungen eignen sich zugleich zur Vorbereitung auf reale Redesituationen. Sie können diese Übungen also wiederholen, wenn Sie sie brauchen. Angaben über den ungefähren Zeitaufwand geben Ihnen zusätzliche Orientierung; soll eine Übung wiederholt werden, verteilen Sie dies am besten über mehrere Tage.

Die Lösungen sind lediglich Vorschläge oder Beispiele. „Richtige" Lösungen kann es hier selbstverständlich nicht geben.

Ich wünsche Ihnen Spaß und Ausdauer bei der Arbeit mit diesem Trainer sowie erfolgreiche und mitreißende Reden.

Peter Flume

Grundlagentraining für den soliden Sachvortrag

Das Grundlagentraining hilft Ihnen dabei,

- Ihr Lampenfieber zu beherrschen,
- die Angst den roten Faden zu verlieren, zu überwinden,
- Ihre eigenen Worte überzeugend rüberzubringen,
- die ersten Hürden zu überwinden und
- ansprechende Sachvorträge zu halten.

Darum geht es in der Praxis

Lampenfieber – das ist der Gegner Nummer eins vieler Redner. Dagegen gibt es probate Mittel aus der Praxis, die Ihnen helfen, souverän und sicher zu wirken. Ich habe Ihnen dazu wichtige Tipps und Übungen zusammengestellt – nicht nur für die heikle Zeit knapp vor der Rede. Denn Sicherheit vermittelt Ihnen auch ein überzeugendes Redekonzept. Halten Sie sich dabei an die drei wichtigsten Prinzipien für eine Rede, die schon seit der Antike gelten:

1 Verfolgen Sie eine klare Absicht mit Ihrer Rede, die Ihre Zuhörer zu Handlungen motiviert oder zu einer bestimmten Meinung führt *(movere)*.

2 Teilen Sie Ihrem Publikum etwas Neues mit *(docere)*. Denn eine Rede, die nur bekannte Inhalte vermittelt, verliert schnell an Reiz. Neuigkeiten oder überraschende Betrachtungsweisen sind Hauptbestandteil einer jeden Rede.

3 Gestalten Sie Ihre Rede kurzweilig *(delectare)*. Nur wenn eine Rede unterhaltsam ist, gelingt es, die Zuhörer über einen längeren Zeitraum zu fesseln. Mit Unterhaltung ist dabei nicht nur Komik gemeint, sondern auch eine spannende Rededramaturgie.

Diese Grundsätze sind der Schlüssel für Ihren Redeerfolg. In den folgenden Übungen finden Sie Hilfestellungen zur Umsetzung, zunächst mit dem Schwerpunkt auf den Inhalten *(docere)*. Darüber hinaus gebe ich Ihnen Anregungen, wie Sie es schaffen, bewegend und unterhaltsam zu sprechen.

Sich auf das Publikum vorbereiten

Über das Publikum fantasieren

Übung 1
2–5 min

Material: keines

Demnächst ist es soweit. Sie wissen, Sie werden zu einem gegebenen Anlass eine Rede vor Publikum halten. Lehnen Sie sich jetzt in Ihrem Sessel zurück und fantasieren Sie ein wenig über Ihr Publikum.

Wenn Sie momentan keine konkrete Rede vorbereiten: Stellen Sie sich vor, Sie halten vor Entscheidern aus Ihrem Unternehmen eine Rede, in der Sie für den Einstieg in den E-Commerce Stellung beziehen.

Lassen Sie sich von folgenden Fragen leiten:

- Wer wird zu Ihrem Vortrag erscheinen?
- In welchem Alter sind Ihre Zuhörer?
- Werden Sie überwiegend männliche oder weibliche Zuhörer haben? Wie ist das Verhältnis Mann / Frau?
- Aus welchem Grund haben sich die Zuhörer zur Teilnahme an Ihrem Vortrag entschieden?
- Welche unterschiedlichen Erwartungen richten die verschiedenen Zuhörer an Ihren Vortrag?
- Welche unterschiedlichen Grundeinstellungen haben die Zuhörer zu den Inhalten Ihres Vortrags?

Lösungstipps

Denken Sie bei dieser Übung daran, dass es nicht darum geht, die Teilnehmerliste einer Veranstaltung im Geist durchzugehen. Vielmehr sollen Sie sich bewusst machen, welche unterschiedlichen Menschen Ihren Vortrag hören. Damit dies gelingt, sollten Sie auch reine Vermutungen anstellen. Stellen Sie Hypothesen auf. Hypothesen, die aus dem Bauch heraus formuliert werden, sind erfahrungsgemäß, obwohl nicht beweisbar, besonders zuverlässig. Sie können die Wirkung noch steigern, wenn Sie die Antworten auf die in der Übung gestellten Fragen in folgender Form formulieren:

- Ich vermute, dass ...

Praxistipps

- Der erste Schritt bei der Vorbereitung einer Rede sollte stets der Versuch sein, sich in die Welt der Zuhörer zu versetzen. Aus diesem Grund diese erste Fantasieübung.
- Verwerfen Sie auch zunächst merkwürdig anmutende Hypothesen nicht, sondern notieren Sie sich diese. Sie können später bei der Vorbereitung der Rede nochmals prüfen, ob Sie mit Ihrer Rede auch diesen „Extremfällen" gerecht werden.

> Je besser es Ihnen gelingt, die Befindlichkeiten Ihres Publikums zu erspüren, desto leichter wird es Ihnen fallen, einen Vortrag vorzubereiten, der Ihre Zuhörer tatsächlich erreicht und entsprechend Wirkung zeigt.

Ziele formulieren

Übung 2
10 min

Material: Papier, Stift

Klar formulierte Ziele helfen Ihnen dabei, eine Rede konsequent zu planen und souverän zu halten. Formulieren Sie daher für eine Rede, in der Sie das Publikum von der Einführung des E-Commerce in Ihrem Unternehmen überzeugen möchten, oder für ein konkretes Thema aus Ihrem Alltag ein Ziel in einem Satz. Wiederholen Sie diese Übung mehrfach und verändern Sie dabei den Schwerpunkt des Ziels.

1. Formulieren Sie ein Sachziel. Ein Sachziel ist dann sinnvoll, wenn Sie möchten, dass sich Ihr Publikum nach der Rede an ganz bestimmte Inhalte erinnert.
2. Formulieren Sie ein Bewegungsziel. Ein Bewegungsziel ist dann sinnvoll, wenn Sie Ihr Publikum zu einer oder mehreren konkreten Handlungen bewegen möchten.

Schreiben Sie sich die Ziele ausformuliert auf.

Lösungstipps

- Ein Sachziel formulieren Sie, indem Sie festlegen, welche Inhalte Ihrer Rede sich ein Zuhörer unbedingt merken muss. Sie können sich das vorstellen wie in der Schule: Vor dem Unterricht legt der Lehrer, bzw. der Lehrplan fest, welche Inhalte die Schüler anschließend beherrschen sollen.

- Ein Bewegungsziel formulieren Sie hingegen in Hinblick auf die exakte Handlung, die Ihre Zuhörer nach Ihrer Rede vollziehen sollen. Wenn Sie beispielsweise möchten, dass Ihre Zuhörer nach der Rede Ihre Unterschrift unter einen Kaufvertrag setzen, dann definieren Sie die Unterschrift als das Ziel, zu dem Sie Ihre Zuhörer bewegen möchten.

Lösung

1. Ziel meines Sachvortrags ist es, dass meine Zuhörer auf Rückfrage antworten können, dass im Internet immer mehr gebührenpflichtige Inhalte abgerufen werden und dass ca. 65 % aller Internet-Content-Anbieter, die ihre Inhalte erst nach der Krise veröffentlicht haben, mittlerweile den Break-even-Point erreicht haben.
2. Mit meinem Vortrag möchte ich erreichen, dass sich meine Zuhörer für ein Internetengagement mit der von mir vorgeschlagenen Vorgehensweise entscheiden.

Praxistipps

Trainieren Sie es, Ziele präzise zu formulieren. Viele Redner bleiben in ihren Zielformulierungen zu allgemein, da sie davor zurückschrecken eine eindeutige Position einzunehmen. Dies verrät sich im Vortrag durch die verstärkte Verwendung von Konjunktiven (man sollte ..., hier könnte man ...). Bei den Zuhörern bleibt eine gewisse Unsicherheit zurück, was sie mit den Inhalten des Vortrags anfangen sollen. Daraus resultiert die traurige Tatsache, dass diese Vorträge – und das sind in der Praxis nicht wenige – keinerlei Wirkung zeigen.

Die Motivation des Publikums ergründen

Übung 3
10–20 min

Material: Papier, Stift

1 Bauen Sie nun auf die Fantasieübung auf (siehe Seite 9). Wählen Sie aus den unterschiedlichen Typen, die Ihrem Vortrag vermutlich beiwohnen, die drei aus, die sich Ihrer Ansicht nach am deutlichsten voneinander unterscheiden. Schreiben Sie diese auf ein Papier. In unserem Beispiel könnten das der Geschäftsführer, Ihr Vorgesetzter und der Leiter der Controllingabteilung sein.

2 Überlegen Sie für jeden Typ, warum er sich gemäß Ihrer Vortragsziele für die Inhalte interessieren bzw. nach Ihren Vorschlägen richten sollte. Versuchen Sie die Gründe aus der Perspektive des jeweiligen Typs darzulegen, setzen Sie dabei nicht die Brille Ihrer eigenen Interessen auf.

3 Hinterfragen Sie im letzten Schritt die Gründe mit „Warum?". Geben Sie auch hier aus der Perspektive der jeweiligen Zuhörertypen die Antwort und notieren Sie diese.

Lösungstipp

Neben der Charakterisierung einzelner Personen, wie in dem angegebenen Beispiel, können Sie auch Gruppen von Personen zusammenfassen, wenn Sie sicher sind, dass deren Merkmale übereinstimmen. Beispiel: die Gruppe der „technikverliebten" Mitarbeiter.

Lösung

Die Motivationsbeschreibung könnte für eine Person so aussehen: Meinen Vortrag wird mein Chef hören. Er trifft die Entscheidung über alle Projekte in unserem Haus. Grundsätzlich interessiert ihn das Thema Internet überhaupt nicht. Ein „Ja" ist von ihm nur zu bekommen, wenn ich im Vortrag wenig technische Hintergründe einbringe und glaubwürdig vermitteln kann, dass die ersten positiven Ergebnisse des Projekts schon nach drei Monaten vorliegen.

Warum? – Er verhält sich so, weil er einerseits viel um die Ohren hat und ihm andererseits jedes technische Verständnis fehlt. Außerdem muss er Quartalsberichte abliefern und legt deswegen Wert auf rasche Erfolge. Er möchte mit seinen Entscheidungen immer „gut aussehen".

Praxistipps

Kontrollieren Sie, nachdem Sie die Motivation Ihres Publikums konsequent ergründet haben, ob Ihre Zielsetzung für den Vortrag realistisch gewesen ist. Sie werden schnell merken, ob Sie nun ein „flaues" Gefühl im Magen bekommen oder ob Sie noch immer sicher sind, dass Sie Ihre Ziele richtig gewählt haben.

> Bei der Ergründung von Motiven sollten Sie sich nicht nur auf die Sach- und Themenebene konzentrieren. Fragen Sie auch nach persönlichen Motiven, die Ihre Zuhörer bewegen könnten, z. B. das Bedürfnis nach persönlicher Profilierung, das während Ihrer Rede zu einem Zwischenruf führen könnte.

Inhalte strukturieren

Den Leitsatz finden

Übung 4

15–30 min

Material: Papier, Stift

1 Nehmen Sie sich ein Blatt Papier und schreiben Sie die wichtigsten Punkte auf, die Sie in Ihrem Vortrag ansprechen wollen. Sie können dazu ein eigenes Thema wählen oder Sie stellen sich vor, Sie müssten über die positive Entwicklung des Internet in den nächsten Jahren sprechen.

2 Lesen Sie sich nun diese Punkte nochmals durch und stellen Sie sich dabei die Frage: „Wohin möchte ich meine Zuhörer mit meiner Rede führen?" Beantworten Sie dann die Frage mit 3–5 Sätzen, die Sie aus den in Schritt 1 zusammengestellten Inhalten generieren. Schreiben Sie sich diese Sätze auf eine neues Blatt Papier.

3 Fassen Sie die Aussagen der Sätze von Schritt 2 nun nochmals in einem einzigen Satz zusammen. Dieser Satz ist der Leitsatz für Ihre Rede.

Lösung

Bei einem Sachvortrag über die Entwicklung des Internet in den nächsten Jahren könnten sich aus den grob skizzierten Inhalten die folgenden zentralen Sätze ergeben:

- Die Chancen für ein erfolgreiches Engagement im Internet steigen, da eine deutliche Tendenz hin zu bezahltem Content zu beobachten ist.
- Die Anzahl breitbandiger Internetanschlüsse ist in den vergangenen Jahren mit der flächendeckenden Verfügbarkeit von DSL gestiegen, sodass jetzt auch auf Breitband optimierte Werbung eine ausreichend große Zielgruppe findet.
- Die Bereinigung des Marktes von Internet-Start-up-Unternehmen hat dazu geführt, dass die User den verbliebenen Unternehmen ein hohes Vertrauen entgegenbringen und damit eine gewisse Treue zu einem einmal gewählten Anbieter an den Tag legen – in der Hoffnung, dass dieser nicht von heute auf morgen verschwindet.

Wenn Sie sich diese Aussagen nochmals prüfend ansehen, werden Sie feststellen, dass alle tendenziell ein positives Bild von E-Commerce im Internet zeigen. Es liegt also nahe, einen Leitsatz zu formulieren, der dies deutlich macht:

- Für einen erfolgreichen Einstieg ins E-Commerce-Business ist jetzt der richtige Zeitpunkt.

Praxistipps

Die Konzentration auf einen Leitsatz hilft Ihnen bei der weiteren Vorbereitung der Rede, wesentliche und unwesentliche Dinge voneinander zu trennen. Die Vorbereitungszeit der Rede verkürzt sich somit deutlich. Außerdem kann Ihr Leitsatz auch dazu verwendet werden, einen Slogan, ein Motto oder einen Titel für Ihre Rede zu bilden. Was halten Sie beispielsweise davon, die Rede

- mit dem Titel „go E-Commerce" einzuleiten und
- mit den Worten „go E-Commerce now!" zu beenden?

> Auch in Stresssituationen – beispielsweise wenn Sie einmal den roten Faden verloren haben sollten – ist ein Leitsatz hilfreich. Sobald Sie ihn sich bewusst machen, finden Sie die Orientierung wieder und können die Rede wie geplant fortsetzen. Ihren Zuhörern wird dann meist nicht einmal auffallen, dass Sie vorübergehend in Schwierigkeiten waren.

Der Einstieg in den Sachvortrag

Übung 5
10 min
15–20 Wiederholungen

Material: Redeschema „Der Sachvortrag" auf der CD-ROM (siehe auch Seite 19)

1 Sind Sie heute mit der S-Bahn zur Arbeit gefahren und haben dabei Zeitung gelesen? Was stand im Sportteil?

2 Versuchen Sie, spontan formulierend, von einem Sportbericht einen Bogen zu Ihren Inhalten zu schlagen. Alternativ dazu können Sie von folgender Sportmeldung überleiten zum Thema Einstieg in den E-Commerce:
Die Westdeutsche Allgemeine Zeitung berichtete über die Fußballmannschaft von Schalke 04, die wegen mangelnder Erfahrung und Entschlossenheit ihren Spitzenplatz in der Bundesliga verspielt hat und letztendlich die Meisterschaft verspielen könnte.

3 Versuchen Sie dies noch mehrmals mit jeweils anderen Themengebieten aus der Zeitung oder aus Beobachtungen während Ihres heutigen Tages.

4 Überprüfen Sie, welche der Einleitungen, die Sie spontan gefunden haben, mit ein wenig Feinschliff geeignet ist, neugierig auf die Redeinhalte zu machen, die Sie vortragen wollen.

5 Tragen Sie diesen Einstieg in das Feld für den Interesse weckenden Einstieg im Redeschema „Der Sachvortrag" auf der CD-ROM ein.

Der Sachvortrag

Einleitung

Interesse	
Begrüßung	
Gliederung	1. 2. 3.

Hauptteil

	Erstens	Zweitens	Drittens
Inhalt			
Höhepunkte			
Kernaussagen			

Schluss

Summary	
Anfangsbezug	
Schlussaussage	

Lösung

„Meine Damen und Herren, heute Morgen las ich im Sportteil der Westdeutschen Allgemeinen Zeitung von der aktuellen Entwicklung bei Schalke 04. Da war die Rede von Nervosität und mangelnder Entschlossenheit im Kampf an der Spitze der Bundesliga. Als ich dies las, musste ich an unsere Situation denken. Wir haben viel Erfahrung in unserem Stammgeschäft, doch im Internet Business sind wir eher zaghaft, zwar mit gutem Potenzial, aber mit der Angst, wirklich in den Wettbewerb zu gehen und uns den Herausforderungen in der Meisterschaft zu stellen. Heute will ich Ihnen zeigen, dass die Zeit reif ist und wir auf unsere Stärke auch in einem neuen Umfeld vertrauen müssen, um unsere Spitzenrolle nicht zu verlieren."

Praxistipps

Neben der Tageszeitung oder persönlichen Erlebnissen können auch Zitate, Anekdoten und Geschichten hervorragende Quellen sein, um das Publikum zu Beginn der Rede für die eigenen Inhalte zu interessieren. Wesentlich ist jedoch, dass der Einstieg nicht zu umfangreich ausfällt, sondern gerade so, dass die Teilnehmer neugierig werden. Danach begrüßen Sie die Zuhörer und stellen sich selbst sowie die Redegliederung vor.

> Die Einarbeitung aktueller Geschehnisse in den Einstieg der Rede vermittelt Ihren Zuhörern auf hervorragende Weise das Gefühl absoluter Spontaneität. Mit ein wenig Übung werden Sie merken, dass es sehr einfach ist, aktuelle Bezüge zu knüpfen.

Den Hauptteil argumentativ strukturieren

Übung 6
20 min

Material: Redeschema „Der Sachvortrag" auf der CD-ROM (siehe auch Seite 19), Ergebnisse aus Übung 4 „Den Leitsatz finden" (siehe Seite 15)

1 Nehmen Sie zunächst einmal das Blatt, auf dem Sie die drei bis fünf zentralen Sätze für Ihren Vortrag aufgeschrieben haben. Bringen Sie diese nun in eine schlüssige Reihenfolge. Formulieren Sie die Sätze dann so um, dass Sie kurz und knapp das Wesentliche eines Redeabschnitts auf den Punkt bringen. Tragen Sie die Ergebnisse dann in die Felder „Kernaussagen" im Redeschema „Der Sachvortrag" ein.

2 Sprechen Sie diese Sätze nun mehrfach frei – ohne sie abzulesen –, um herauszufinden, ob Sie mit den gewählten Formulierungen zurechtkommen. Wenn nicht, dann vereinfachen Sie die Sätze nochmals so, dass sie gesprochenem Deutsch und nicht Schriftdeutsch entsprechen.

3 Nehmen Sie sich anschließend die Felder für die Inhalte des Hauptteils vor und tragen Sie in jedes Feld maximal drei Stichpunkte zu den jeweiligen Abschnitten ein.

Lösung

- Da immer mehr Internet-User bereit sind, für Inhalte Geld auszugeben, ist im Internet jetzt tatsächlich Geld zu verdienen.
- Mit der gestiegenen Anzahl an DSL-Anschlüssen ist es uns jetzt endlich möglich, vernünftige Internetwerbung zu platzieren.
- Auch im Internet gibt es inzwischen so etwas wie Markentreue und Stammkunden.

Praxistipps

- Auch bei einer guten Rede lässt die Aufmerksamkeit der Zuhörer nach einer gewissen Zeit nach. Aus diesem Grund sollten Sie insbesondere bei längeren Reden darauf achten, wichtige Inhalte nicht ganz zum Schluss zu bringen, sondern diese möglichst frühzeitig in Ihrer Rede zu platzieren.
- Damit sich Ihre Kernaussagen im Bewusstsein des Publikums gut einprägen, ist es notwendig, dass Sie diese sprachlich deutlich hervorheben. Dies kann unter Verwendung rhetorischer Techniken wie beispielsweise der Geminatio (siehe Seite 123) geschehen, aber auch durch bewusstes Anheben der Stimme oder körpersprachliche Unterstreichung.

Fragen als Gliederungshilfen einbauen

Übung 7
5 min

Material: die Ergebnisse aus Übung 6 „Den Hauptteil argumentativ strukturieren" (siehe Seite 21), Papier, Stift

1 Sehen Sie sich die Inhalte der einzelnen Abschnitte des Hauptteils aus der vorherigen Übung erneut an. Versetzen Sie sich dann in die Situation des Zuhörers, der Schritt für Schritt durch die Rede geführt werden muss.

2 Formulieren Sie nun einige gliedernde Fragen, die Sie den einzelnen Abschnitten voranstellen könnten und die dann innerhalb des Abschnitts beantwortet werden.

Lösung

Für die Abschnitte aus dem Vortrag über E-Commerce und Internet könnten die gliedernden Fragen wie folgt lauten:

- Wie finanziert sich eine Internetdienstleistung?
- Welche Werbeformen bieten sich an, um potenzielle Kunden auf unsere Seiten zu ziehen?
- Wodurch wird sichergestellt, dass ein Kunde nicht heute hier und morgen dort kauft?

Praxistipps

- Fragen regen die Zuhörer dazu an mitzudenken. Von daher sind sie als Gliederungshilfe eine nützliche Sache. Achten Sie jedoch darauf, dass Sie Ihre Rede nicht mit Fragen überfrachten, sonst verspielen Sie deren positive Wirkung.
- Fragen nehmen Sie als Redner in die Pflicht! Sorgen Sie daher dafür, dass Sie keine von Ihnen aufgeworfene Frage unbeantwortet lassen.
- Fragen wirken nur dann Gedanken leitend, wenn sie alleine für sich stehen. Die typische, in vielen Reden zu findende Form, Frage an Frage zu reihen und dadurch die jeweils vorangestellte Frage zu entwerten, schadet der Überzeugungskraft einer Rede enorm. Bleiben Sie also bei einer einleitenden Frage pro Gliederungsabschnitt.

Gliederungshilfen formulieren

Übung 8
5 min
5–10 Wiederholungen

Material: Die Ergebnisse aus Übung 6 „Den Hauptteil argumentativ strukturieren" (Seite 21), Papier, Stift

Formulieren Sie mehrere Varianten einer Überleitung zwischen den Themen, für die Ihre Kernaussagen zur E-Commerce-Rede stehen (siehe Seite 22). Die Überleitung soll den Zuhörern verdeutlichen, dass Sie einen neuen Abschnitt beginnen. Verwenden Sie dabei keine Fragen.

Lösung

- Mit der Antwort auf die Frage nach bezahltem Content ergibt sich automatisch die Frage, wie die Aufmerksamkeit des Publikums gewonnen werden kann. Diesem Thema wende ich mich im Folgenden zu.
- Nachdem die Grundlagen geklärt sind, werde ich Ihnen jetzt die wichtigste Entscheidungshilfe für ein Internetengagement an die Hand geben.

Praxistipp

Es lohnt sich, Zeit in die Formulierung der Überleitungen zu stecken, denn unter Stress neigen die meisten Redner zu einer „leiernden" Aufzählung: „Mein nächster Punkt ist ... Und mein nächster Punkt ist ..." Auch eine nummerierte Auflistung („Nun zu Punkt 3") ist, wenn gleich besser, so doch auf Dauer für die Zuhörer äußerst ermüdend.

Text vereinfachen

Übung 9
20 min

Material: Beispieltext (siehe unten), Papier, Stift

Lesen Sie die folgende Passage aus einem Roman von Thomas Mann. Vereinfachen Sie den Text so, dass Sie ihn problemlos vortragen könnten.

Übungstext: Thomas Mann, Der Zauberberg, 2. Kapitel

Hans Castorp bewahrte an sein eigentliches Elternhaus nur blasse Erinnerungen; er hatte Vater und Mutter kaum recht gekannt. Sie starben weg in der kurzen Frist zwischen seinem fünften und siebenten Lebensjahr, zuerst die Mutter, vollkommen überraschend und in Erwartung ihrer Niederkunft, an einer Gefäßverstopfung infolge von Venenentzündung, einer Embolie, wie Dr. Heidekind es bezeichnete, die augenblicklich Herzlähmung verursachte, – sie lachte eben, im Bette sitzend, es sah so aus, als ob sie vor Lachen umfiele, und dennoch tat sie es nur, weil sie tot war. Das war nicht leicht zu verstehen für Hans Hermann Castorp, den Vater, und da er sehr innig an seiner Frau gehangen hatte, auch seinerseits nicht der Stärkste war, so wußte er nicht darüber hinwegzukommen. Sein Geist war verstört und geschmälert seitdem; in seiner Benommenheit beging er geschäftliche Fehler, so daß die Firma Castorp & Sohn empfindliche Verluste erlitt; im übernächsten Frühjahr holte er sich bei einer Speicherinspektion am windigen Hafen die Lungenentzündung, und da sein erschüttertes Herz das hohe Fieber nicht aushielt, so starb er trotz aller Sorgfalt, die Dr. Heidekind an ihn wandte, binnen fünf Tagen und folgte seiner Frau unter ansehnlicher Beteiligung der Bürgerschaft ins Castorp'sche Erbbegräbnis nach, das auf dem Sankt Katharinenkirchhof sehr schön, mit Blick auf den Botanischen Garten, gelegen war.

Sein Vater, der Senator, überlebte ihn, wenn auch nur um ein weniges, und die kurze Zeitspanne, bis er auch starb – übrigens gleichfalls an einer Lungenentzündung, und zwar unter großen Kämpfen und Qualen, denn zum Unterschiede von seinem Sohn war Hans Lorenz Castorp eine schwer zu fällende, im Leben zäh wurzelnde Natur –, diese Zeitspanne also, es waren nur anderthalb Jahre, verlebte der verwaiste Hans Castorp in seines Großvaters Hause, einem zu Anfang des abgelaufenen Jahrhunderts auf schmalem Grundstück im Geschmack des nordischen Klassizismus erbauten, in einer trüben Wetterfarbe gestrichenen Haus an der Esplanade, mit Halbsäulen zu beiden Seiten der Eingangstür in der Mitte des um fünf Stufen aufgetreppten Erdgeschosses und zwei Obergeschossen außer der Beletage, wo die Fenster bis zu den Fußböden hinuntergezogen und mit gegossenen Eisengittern versehen waren.

Aus: Thomas Mann, Der Zauberberg. Roman.

Lösungstipps

- Vereinfachen Sie die komplex gebauten Sätze.
- Fügen Sie Zwischenüberschriften in den Text ein, die es leichter machen, sich über die Inhalte zu orientieren.
- Übersetzen Sie ungebräuchliche Redewendungen in für den täglichen Sprachgebrauch typische Formulierungen.

Lösung

Die Krankengeschichte der Eltern von Hans Castrop
Hans Castorp kannte seine Eltern kaum. Beide starben zwischen seinem fünften und siebten Lebensjahr.

Der Tod der Mutter
Die Mutter starb kurz vor der Geburt eines weiteren Kindes an Herzstillstand infolge einer Embolie. Dr. Heidekind war der behandelnde Arzt.

Der Tod des Vaters
Der Vater, Hans Hermann Castorp starb kurz nach dem Tod der Mutter an einer Lungenentzündung.

...

Praxistipp

Viele Redner geraten bei Ihren Vorträgen dadurch in Schwierigkeiten, dass sie lange und verschachtelte Sätze bilden. Durch die Konzentration auf die komplexe Satzstruktur verlieren sie die Aufmerksamkeit für die Zuhörer und die Fähigkeit über den Moment hinaus zu denken. Die Folge ist, dass sie ins Stocken geraten oder den roten Faden verlieren.

Zudem sind für die Zuhörer lange Sätze nur schwer zu erfassen. Trainieren Sie sich daher darin, in Ihren Reden kurze und einfach gebaute Sätze zu bilden.

Höhepunkte gestalten

Übung 10
10–20 min

Material: die bisherigen Inhalte Ihrer Rede, Redeschema „Der Sachvortrag" auf der CD-ROM (siehe auch Seite 19)

Stellen Sie einige Möglichkeiten für sich zusammen, wie Sie Ihr Publikum nach einem längeren inhaltlichen Abschnitt wieder zu neuer Aufmerksamkeit führen können. Tragen Sie die zum jeweiligen Höhepunkt gehörenden Inhalte in die dafür vorgesehenen Felder des Redeschemas „Der Sachvortrag" ein.

Lösungstipps

Denken Sie dabei an

- körpersprachliche und
- sprachliche Möglichkeiten.
- Sollten Sie mit Hilfe von Präsentationsmedien vortragen, so beziehen Sie diese in Ihre Überlegungen mit ein.

Lösung

- Sie wechseln Ihren Standplatz und gehen dabei einen Schritt auf Ihr Publikum zu.
- Nachdem Sie die ganze Zeit leise gesprochen haben, heben Sie Ihre Stimme deutlich an.
- Sie sprechen Ihre Zuhörer persönlich (namentlich) an, ohne Ihnen eine Gelegenheit zur Erwiderung zu geben.
- Sie greifen Ihre Geschichte aus der Einleitung wieder auf.
- Sie fügen eine thematisch passende Anekdote aus Ihrem Alltag oder dem Alltag Ihrer Zuhörer ein.
- Sie erzählen einen inhaltlich passenden Witz.
- Sie schalten das verwendete Präsentationsmedium ab.
- Sie schalten ein Präsentationsmedium erstmals ein.

Praxistipps

- Ziel der Höhepunkte ist es, die Zuhörer kurzfristig wieder zu 100 % auf Ihre Inhalte zu konzentrieren. Direkt im Anschluss ist daher der richtige Zeitpunkt, um in einem Satz die Essenz des bisherigen Abschnitts zusammenzufassen.
- Verwenden Sie dabei die 3–5 Sätze, die Sie in der Übung „Den Leitsatz finden" (siehe Seite 15) definiert haben.

Das Ende signalisieren

Übung 11
20 min

Material: „Der arme Müllerbursch und das Kätzchen" und „Daumerlings Wanderschaft" (beide Brüder Grimm), Redeeinstieg aus Übung 5 „Der Einstieg in den Sachvortrag" auf Seite 18

1 Lesen Sie die beiden Geschichten durch.

2 Richten Sie Ihre Aufmerksamkeit insbesondere auf den Anfang und das Ende der Geschichten. Welche Gemeinsamkeiten fallen Ihnen dabei auf?

3 Wenden Sie dieses Prinzip auf das Beispiel aus der Übung auf Seite 18 an, den Einstieg mit der Meldung über den FC Schalke 04 in die Rede zum E-Commerce, oder auf Ihre eigene Rede.

Lösung

Die beiden Märchen weisen folgende Struktur auf: Der Held bricht auf und kehrt am Ende an den Ausgangspunkt zurück. Dazwischen erlebt er seine Abenteuer, er entwickelt sich und daraus ergibt sich ein Fazit, das über die Geschichte hinausreicht.

Übertragen auf die Redesituation lässt sich das folgendermaßen formulieren: „Meine Damen und Herren, ich erinnere jetzt noch einmal an das, was ich heute Morgen im Sportteil über die Spieler von Schalke 04 gelesen habe: Wollen auch wir im letzten Moment kalte Füße bekommen oder sind Sie jetzt bereit für den Durchbruch nach ganz oben in der Liga, in der sich auch in der heutigen Zeit gutes Geld verdienen lässt?"

Praxistipps

- Eine gute Geschichte kündigt ihr Ende dadurch an, dass sich der Bogen zum Anfang schließt. Dieses Muster können Sie auch für Ihre Reden nutzen. Schließen Sie den Bogen zu Ihren ersten Worten und formulieren Sie dann ein richtungweisendes Fazit.
- Die Zuhörer werden unbewusst die bekannte Struktur einer Geschichte erkennen und bereit für das Fazit sein.

Das Prinzip „Das Ende kommt zum Anfang" lässt sich auch dann gut nutzen, wenn Sie ohne Vorbereitung aufgefordert werden, eine spontane Rede zu halten. Achten Sie darauf, dass sich der Kreis schließt und Ihre Zuhörer werden den Eindruck einer geschlossenen Rede mit nach Hause nehmen.

Mit Schwung schließen

Übung 12
10–20 min

Material: die bisherigen Inhalte Ihrer Rede, Redeschema „Der Sachvortrag" auf der CD-ROM (siehe auch Seite 19)

Finden Sie für Ihre Rede, beispielsweise zum Thema „Go E-Commerce", drei unterschiedliche Schlussformeln mit den unten angegebenen Zielsetzungen. Achten Sie darauf, dass Sie alles Wichtige jeweils in einem kurzen knappen Satz sagen können.

- Formulieren Sie einen auffordernden, zur Handlung motivierenden Schlusssatz.
- Formulieren Sie eine nachdenklich stimmende Abschlussfrage.
- Formulieren Sie in einem Satz ein sachliches Fazit und leiten dann in einem zweiten Satz mit einer zielführenden Frage zu einer Diskussionsrunde über.

Übertragen Sie Ihren Schlusssatz bitte in das dafür vorgesehene Feld im Redeschema „Der Sachvortrag".

Lösung

- Daher, meine Damen und Herren, fordere ich Sie jetzt auf, ein Budget für unser Internetengagement bereitzustellen!
- Meine Damen, meine Herren. Ich frage Sie, wann, wenn nicht heute, ist der richtige Zeitpunkt für unser Engagement im Internet.
- Die Fakten liegen nun auf dem Tisch. Sie konnten Pro und Contra miteinander vergleichen. Welche Fragen haben Sie nun zu den technischen Rahmenbedingungen für einen Einstieg ins Internet?

Praxistipp

- Ich rate Ihnen aufgrund meiner Beobachtungen in der Praxis, sich auf einen knappen Schluss zu beschränken. Viele Redner fürchten offensichtlich, ihre Inhalte nicht verständlich genug vermittelt zu haben. Deshalb packen sie in den Schluss einen Wust von Erklärungen und verzerren damit die eigentliche Schlussaussage bis zur Unkenntlichkeit.
- Stellen Sie zum Abschluss eine zielführende Frage. Das wird Sie vor dem gängigen Fehler bewahren, Ihre Rede mit „Gibt es noch irgendwelche Fragen?" zu schließen. Meist entsteht dann ein peinliches Schweigen oder der Redner wird, wenn doch eine Frage gestellt wird, auf dem falschen Fuß erwischt. Eine zielführende Frage lenkt die Zuhörer auf ein Feld, auf dem der Redner sich sicher fühlt, und sie hilft den Zuhörern ihre Gedanken zu ordnen.

Die Inhalte parat halten

Den Raum zur Orientierung nutzen

Übung 13
4-mal die Dauer der Rede

Material: ein Ihnen bekannter Raum, die vorbereiteten Inhalte Ihrer Rede

1 Suchen Sie sich in einem Raum, der Ihnen sehr gut bekannt ist, eine der Anzahl Ihrer Redeabschnitte entsprechende Menge von Gegenständen aus, die immer an dem jeweiligen Platz stehen, liegen oder hängen.

2 Gehen Sie dann im Uhrzeigersinn vor und sprechen Sie laut den ersten Abschnitt Ihrer Rede – die Interesse weckende Einleitung. Betrachten Sie dabei den ersten Gegenstand. Verknüpfen Sie diesen Gegenstand mit dem Redeabschnitt.

3 Gehen Sie nun zum zweiten Gegenstand und zum zweiten Redeabschnitt über. Verfahren Sie anschließend für alle weiteren Redeabschnitte gleichermaßen.

4 Wiederholen Sie dieses Verfahren mindestens 3-mal.

5 Schließen Sie anschließend die Augen und sprechen Sie Ihre Rede frei. Wandern Sie dabei in Gedanken von einem Gegenstand zum nächsten.

Wiederholen Sie die Übung so oft, bis Ihnen der gedankliche Spaziergang problemlos gelingt.

Praxistipps

- Die in der Übung beschriebene Loci-Technik ist in der Redepraxis eine große Hilfe. Sollten Sie bei einem freien Vortrag hängen bleiben, dann versuchen Sie nicht, sich an die nächsten Inhalte zu erinnern, sondern rufen Sie sich die Gegenstände aus dem Übungsraum in Erinnerung.

> Durch die Erinnerung an Gegenstände fordern Sie Ihr Gehirn auf einer anderen Ebene, die geeignet ist, die Blockade auf der Inhaltsebene zu überwinden und Ihnen den Zugang zu den vermeintlich „vergessenen" Informationen wieder zu öffnen.

- Sollte Ihnen die freie Rede für einen wichtigen Vortrag trotz dieser Übung zu unsicher sein, so können Sie die Übung auch dazu verwenden, sich die Handhabung von Konzept-Karteikarten während der Rede anzueignen (Variation zur Übung auf Seite 37). Verwenden Sie pro Redeabschnitt eine Karteikarte. Wenn Sie in der beschriebenen Übung von einem Gegenstand zum nächsten wechseln, dann wechseln Sie gleichzeitig die Karteikarte. Lesen Sie die Stichworte der nächsten Karte, sehen dann zum Gegenstand auf und beginnen nun zu sprechen. Der Rhythmus entspricht dann dem, den Sie benötigen, wenn Sie in der Rede mit Karteikarten arbeiten: sprechen – Pause – lesen – Kontakt zum Publikum herstellen - sprechen.

Karteikarten gestalten und verwenden

Übung 14
Je nach Umfang der Rede

Material: Karteikarten im Format DIN A6 oder Moderationskarten, Stift, die vorbereiteten Redeinhalte, Spiegel, nach Wunsch eine Stoppuhr

1 Übertragen Sie die Inhalte Ihrer Rede auf Karteikarten. Verwenden Sie dabei für jeden Redeabschnitt eine eigene Karteikarte. Tragen Sie auf dieser Karteikarte maximal 3 Stichworte bzw. Halbsätze ein. Achten Sie darauf, dass Sie groß schreiben – mindestens in einer der 18pt-Schrift vergleichbaren Größe –, damit die Karten auch aus einiger Entfernung gut lesbar sind, und verwenden Sie einen großen Zeilenabstand. Alternativ zu Ihren eigenen Redeinhalten können Sie als Beispiel die E-Commerce-Rede nehmen.

2 Nummerieren Sie die Karten durch und tragen Sie gegebenenfalls Symbole für Betonung, Gestik oder Medien auf der Karte ein.

3 Sortieren Sie die Karten der Reihenfolge nach und stellen Sie sich vor einen Spiegel. Sprechen Sie nun Ihre Rede und wechseln Sie in den Sprechpausen zwischen den Abschnitten die Karten. Wichtig: Lesen Sie die Karte während der Sprechpausen und sprechen Sie nur dann, wenn Sie sich im Spiegel in die Augen sehen.

Lösungstipps

- Gehen Sie streng mit sich um. Sobald Sie sprechen, während Sie auf eine Karte schauen, beginnen Sie von vorne.
- Um Ihre Redezeit auch in der Live-Situation sicher im Griff zu haben, hilft es, die Stoppuhr mitlaufen zu lassen.

Lösung

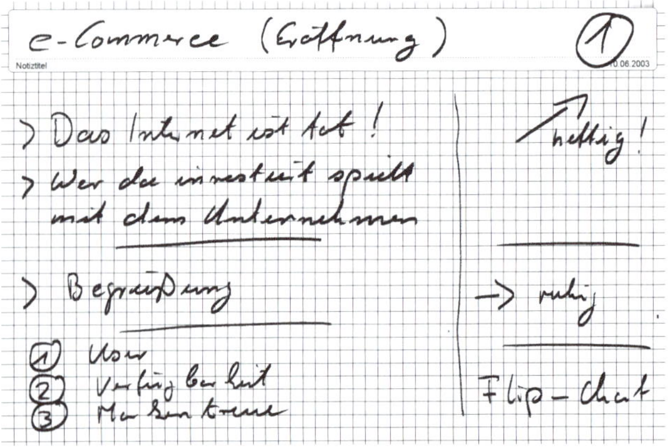

Praxistipp

In der Praxis sollten Sie immer dann, wenn Sie die Stichworte auf der Karte benötigen, eine Pause machen, lesen und dann wieder mit Kontakt zum Publikum weiter sprechen. So erreichen Sie den Eindruck der freien Rede, selbst wenn Sie die Karten in der Hand halten und gelegentlich tatsächlich lesen müssen, was da steht.

Eine Mindmap entwerfen

Übung 15
15 min

Material: Papier im Querformat und Stift oder die auf der CD-ROM enthaltene MindManager-Software, Ihre Redeinhalte

1 Entwerfen Sie eine Mindmap mit den Stichworten Ihrer Rede. Tragen Sie dazu den Titel der Rede in der Mitte des Blattes ein und verzweigen mit den Hauptästen dann zu den „Überschriften" der einzelnen Redeabschnitte. Alternativ können Sie wieder als Beispiel die E-Commerce-Rede und deren Redeabschnitte nehmen.

2 Fügen Sie unter der Ebene der Hauptäste einzelne Äste mit den Stichworten Ihrer Rede an.

3 Ergänzen Sie die Mindmap um Symbole für Gestik, Betonung und Medien, die Sie an den entsprechenden Stellen einsetzen wollen.

Lösungstipps

Hilfreich ist es, wenn Sie

- die Hauptäste im Uhrzeigersinn anordnen und
- darauf achten, dass Sie so groß schreiben, damit Sie Ihre Texte auch dann noch lesen können, wenn die Mindmap auf einem Rednerpult vor Ihnen liegt und Ihr einziges Redemanuskript darstellt.

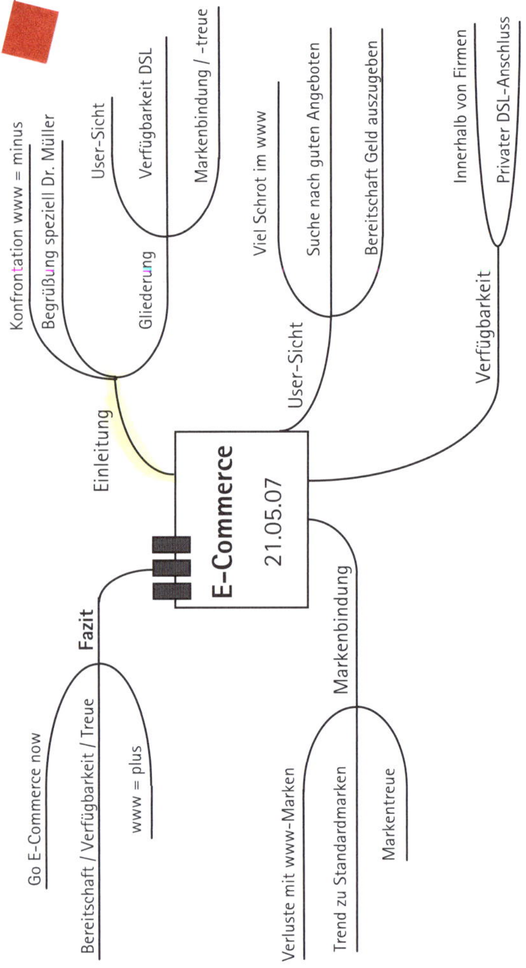
E-Commerce
21.05.07
Einleitung
Konfrontation www = minus
Begrüßung speziell Dr. Müller
Gliederung
User-Sicht
Verfügbarkeit DSL
Markenbindung / -treue
User-Sicht
Viel Schrot im www
Suche nach guten Angeboten
Bereitschaft Geld auszugeben
Verfügbarkeit
Innerhalb von Firmen
Privater DSL-Anschluss
Markenbindung
Verluste mit www-Marken
Trend zu Standardmarken
Markentreue
Fazit
Go E-Commerce now
Bereitschaft / Verfügbarkeit / Treue
www = plus

Entdecken Sie Ihre Stimme

Die eigene Stimme wie ein Fremder hören

Übung 16
1 min

Material: keines

1 Legen Sie Ihre Hände hinter Ihre Ohren und drücken Sie die Ohren nach vorne, als wollten Sie einen Schalltrichter formen.

2 Sprechen Sie nun laut vor sich hin. Wählen Sie unterschiedliche Lautstärken und Betonungen. Die Stimme, die Sie jetzt hören, ist annähernd die, die Ihre Zuhörer hören, wenn Sie sprechen.

Praxistipps

- Viele Redner sind mit ihrer eigenen Stimme unzufrieden. Sie empfinden sie als zu „piepsig" oder zu „brummig". Diese Übung hilft Ihnen dabei, Ihre Stimme selber richtig einzuschätzen.
- Eine tiefe, volle Stimme wirkt auf die meisten Zuhörer angenehm, eine zu hohe Tonlage anstrengend und nervig. Wenn Sie mit dieser Übung gelernt haben, Ihre Stimme einzuschätzen, dann können Sie auch vorsichtig damit beginnen, die Stimmlage Ihrem Ideal anzupassen. Achten Sie jedoch darauf, dass Sie dabei Ihre Natürlichkeit nicht verlieren (siehe dazu auch Seite 42).

Den Eigenton finden

Übung 17
5 min

Material: keines

1 Intonieren Sie ein kräftiges und zustimmendes „Mhhmmm". Hören Sie dabei auf den Unterschied in den Tonhöhen. Normalerweise ist der erste, etwas tiefere Ton Ihr Eigenton, der Ton, in dem Ihre Stimme sicher wirkt.

2 Nachdem Sie diese Vorübung ein paar Mal gemacht haben und Ihren Eigenton gut bestimmen können, intonieren Sie nun das zustimmende „Mhhmmm" gefolgt von einer gesprochenen 1, dann von einer 2 und so fort. Achten Sie darauf, dass Sie beim Sprechen der Zahlen immer im Eigenton bleiben.

3 Als Ergänzung können Sie dann von den Zahlen zu einzelnen Sätzen übergehen. „Stimmen" Sie sich dabei vorab mit dem „Mhhmmm" immer auf den Eigenton.

4 Führen Sie diese Übung häufiger durch, damit Sie Vertrauen zu Ihrer Stimme bekommen.

Praxistipps

- Sie können sich mit dem „Mhhmmm" auch vor einem Vortrag sehr gut auf die Eigentonlage „stimmen". Damit vermeiden Sie, durch Redestress in eine zu hohe und damit für die Zuhörer unangenehme Tonlage zu geraten.
- Sollten Sie jedoch mit Mikro sprechen, dann bedenken Sie, dass auch ein „Mhhmmm" über die Lautsprecher übertragen wird.

Die Möglichkeiten der Stimme herausfinden

Übung 18
2–3 min

Material: keines

Wichtig: Diese Übung sollten Sie keinesfalls ausführen, wenn Sie den ganzen Tag noch nicht gesprochen haben oder gesundheitlich angeschlagen sind. Ihre Stimme muss vorher „angewärmt" sein.

1 Suchen Sie einen Raum, in dem Sie ungestört laut werden dürfen. Stellen Sie sich dann aufrecht hin und sprechen Sie das Wörtchen „Ball" ganz leise aber deutlich.

2 Wiederholen Sie das Wort jetzt ein wenig lauter, jedoch deutlich vom ersten Mal abgestuft. Setzen Sie diese Übung fort bis Sie der Meinung sind, nicht mehr lauter zu können. Zählen Sie mit, wie viele Stufen Sie hinter sich gebracht haben.

3 Setzen Sie nun noch zwei Stufen oben drauf, indem Sie den Laut „Ball" mit Unterstützung der Arme von sich schleudern. Die Arme sollten dabei von der Brust weg nach vorne oben gestoßen werden.

4 Werden Sie nun mit derselben Anzahl von Stufen wieder leiser, bis Sie Ihr Ausgangsniveau erreicht haben.

5 Wiederholen Sie die Übung so lange, bis es Ihnen sowohl auf dem Weg zu den lauten wie zu den leisen Tönen gelingt, die Stufen deutlich voneinander zu unterscheiden. Werden Sie nicht schneller leise als Sie laut wurden.

Praxistipps

- Die meisten Redner nutzen während einer Rede nur einen minimalen Teil ihrer stimmlichen Möglichkeiten aus, meistens nur den mittleren. Wenn Sie sich durch häufigere Wiederholung der Übung auch an die ungewohnten lauten bzw. leisen Töne gewöhnt haben, gewinnt Ihre Rede an Variantenreichtum.
- Die Fähigkeit, auch laut sprechen zu können, versetzt Sie in die Lage, auch einmal mit schwierigen Rahmenbedingungen, wie z. B. lärmenden Bauarbeiten auf der Straße vor Ihrem Besprechungsraum, stimmlich zurechtzukommen.

Angemessen betonen

Übung 19
10–15 min

Material: ein Ihnen unbekannter Text (Thriller, Kriminalroman, Fantasyroman oder Märchen), ein Zuhörer

1. Lesen Sie einen unbekannten Text laut vor und versuchen Sie, der Handlung entsprechend angemessen zu betonen.
2. Bemühen Sie sich darum, beim Lesen in Gedanken stets einen Satz voraus zu sein, damit Sie Ihre Betonung dem Fortgang der Geschichte anpassen können.
3. Lassen Sie sich nicht irritieren, wenn Sie einmal nicht die richtige Betonung getroffen haben. Fahren Sie mit der Übung fort.

Praxistipps

- Für einen Redner ist es eine der wichtigsten Aufgaben, während des Sprechens bereits über den nächsten Satz nachzudenken und die Betonung den jeweiligen Inhalten anzupassen.
- Mit dieser Übung trainieren Sie es, sich auf zwei Dinge – Betonung und Inhalt – parallel zu konzentrieren. Führen Sie die Übung daher häufiger durch. Mitmenschen, die sich gerne vorlesen lassen, sind überraschend leicht zu finden.

Mit dem Würfel zum eigenen Sprechrhythmus finden

Übung 20
5–10 min

Material: ein Schaumstoffwürfel aus dem Spielzeugladen, ein beliebiger, bekannter Text

1. Lesen Sie einen bekannten Text laut. Drücken Sie während des Lesens mit der rechten oder mit der linken Hand langsam einen Schaumstoffwürfel zusammen.
2. Sobald der Würfel ganz zusammengedrückt ist, machen Sie eine kurze Sprechpause, öffnen leicht den Mund und atmen nach.
3. Wiederholen Sie die Übung so lange, bis die Bewegung mit der Hand und Ihr Sprechrhythmus synchron ablaufen und die Atempausen ganz natürlich dann erfolgen, wenn auch der Würfel komplett zusammengedrückt ist.
4. Wiederholen Sie die Übung, indem Sie Ihre Sprechgeschwindigkeit variieren, ohne die Synchronität mit dem Würfel zu verlieren.

Praxistipp

Wenn Sie erst einmal mit dieser Übung vertraut sind, können Sie in der letzten Phase Ihrer Vorbereitung auf einen Auftritt, die Bewegungen mit der Hand auch mit den einleitenden Passagen Ihrer Rede probieren. Sie bereiten damit Ihren Sprechrhythmus vor und wirken Lampenfieber entgegen.

Das Lampenfieber beherrschen

Positive Bilder abrufen

Übung 21
10 min

Material: Papier, Stift

1 Stellen Sie sich bitte eine Rede vor, die Sie in Zukunft halten werden. Notieren Sie, wer das Publikum sein wird.

2 Malen Sie sich in Ihrer Fantasie aus, dass Ihre Rede erstklassig gelaufen ist. Stellen Sie sich vor, Sie stehen noch vor dem Publikum und sehen und hören, wie Ihnen Applaus gespendet wird.

3 Wie fühlt sich diese Situation für Sie an? Spüren Sie den Stolz, es geschafft zu haben? Genießen Sie diesen Augenblick! Hören Sie noch einmal genau auf das begeisterte Klatschen der Zuschauer und halten Sie die anerkennenden Worte fest, die Ihnen jetzt von einigen wichtigen Leuten ausgesprochen werden. Sehen Sie sich dann in dem Raum um, in dem Sie gesprochen haben, nehmen Sie ihn bewusst wahr und spüren Sie dem Augenblick noch einen Moment nach.

4 Notieren Sie jetzt auf Ihrem Blatt die Wahrnehmungen und positiven Eindrücke, die Sie soeben hatten.

Praxistipps

- Für viele angehende Redner ist das Sprechen vor Publikum eine Art Horrorszenario. Sie reden sich daher vor jeder Rede ein, was alles schief gehen kann. Aus diesem Grund ist es hilfreich, diese und die folgenden Übungen intensiv zu trainieren, denn Sie entwickeln damit ein Gefühl für die positiven Auswirkungen und den Erfolg einer Rede.
- Unmittelbar vor einer Rede kann Ihnen diese Übung zur Entspannung dienen. Sollte der Stress zu groß sein, nehmen Sie einfach Ihre Notizen aus der Übung und lesen sie unmittelbar vor dem Auftritt nochmals durch. Dies allein schon schafft eine deutlich positive Wirkung.
- Da erfahrungsgemäß die Zahl der positiv gelaufenen Reden in der Praxis überwiegt, können Sie auch einen einmaligen Erfolg zum Garanten für sinkendes Lampenfieber machen, indem Sie nach einem solchen erfolgreichen Redeauftritt die Reaktionen des Publikums und Ihre Wahrnehmung der Situation zu Papier bringen. Dieses Papier hat dann, wenn Sie es unmittelbar vor einer neuen Redesituation zur Hand nehmen, gegenüber der „imaginierten" Variante den Vorteil, dass Sie sich bewusst an ein reales Erfolgserlebnis erinnern. Sie werden sehen, die Anspannung nimmt deutlich ab.

Über den Atemrhythmus den Sprechrhythmus kontrollieren

Übung 22
1–2 min

Material: keines

Die Übung sollte regelmäßig wiederholt werden, damit Sie Ihren Sprechrhythmus jederzeit kontrollieren können.

1 Holen Sie einmal tief Luft und beginnen Sie dann zu sprechen. Spüren Sie dabei der Anspannung in Ihrem Oberkörper nach und achten Sie darauf, wie lange es dauert, bis Sie eine Pause machen müssen.

2 Atmen Sie nun nochmals ein und wieder aus. Bemühen Sie sich, normal auszuatmen. Es geht nicht darum, Ihre Lunge zu entleeren. Beginnen Sie zu sprechen, nachdem Sie ausgeatmet haben. Spüren Sie wieder, ob sich in Bezug auf die Anspannung im Bereich Ihres Oberkörpers etwas geändert hat. Achten Sie auch darauf, inwiefern Ihr Sprechrhythmus jetzt bereits nach kurzer Zeit zu einer natürlichen Pause führt.

Lösungstipps

Damit Sie die Unterschiede deutlich spüren, sollten Sie:

- die Übung stehend durchführen,
- mehrere Sätze sprechen und beim ersten Durchgang in den Sprechpausen intensiv einatmen, im zweiten Durchgang auf jede Form bewusster Atmung verzichten und lediglich den Mund öffnen.

Praxistipp

Vor der Rede auszuatmen, führt Sie schneller zu Ihrem persönlichen Sprechrhythmus. Dadurch senken Sie Ihre Nervosität. Wenn Sie während der Rede bemerken, dass Sie nervös werden, so können Sie dies ebenfalls durch kontrolliertes Ein- und Ausatmen wieder in den Griff bekommen.

Eine Checkliste gegen Lampenfieber vorbereiten

Übung 23
5 min

Material: Papier, Stift
Sonstiges: mehrere reale Redesituationen

1 Nehmen Sie sich ein Blatt Papier zur Hand. Denken Sie einen Augenblick darüber nach, in welchem Rahmen Sie typischerweise präsentieren. Sind es Meetings innerhalb der Abteilung oder sprechen Sie häufig vor großen Gruppen oder gar bei internationalen Konferenzen?

2 Notieren Sie sich nun 6 bis 8 ganz konkrete Schritte, die Sie in jedem Fall vor Beginn der Rede absolvieren müssen. Hier eignen sich beispielsweise die Überprüfung Ihrer Kleidung, Ihrer Unterlagen und Werkzeuge oder Ihres Standortes im Raum und zum Publikum. Einer dieser Schritte könnte z. B. sein, dass Sie die Ärmel Ihres Jacketts bzw. Blazers straff ziehen.

3 Gehen Sie diese Checkliste im Geiste einmal durch. Passt der Ablauf für Sie?

4 Nutzen Sie diese Checkliste vor Ihren nächsten Reden und arbeiten Sie sie konsequent in immer der gleichen Reihenfolge ab. Beobachten Sie, wie sich Ihr Lampenfieber im Laufe der Zeit verändert.

Lösung

1. Sind die Unterlagen an meinem Platz ordentlich angeordnet?
2. Habe ich den Stuhl korrekt an den Tisch geschoben?
3. Habe ich meine eigenen Flip-Chart-Stifte in der Reihenfolge schwarz, blau, rot, grün am Flip-Chart abgelegt?
4. Habe ich mein Sakko bzw. meinen Blazer zugeknöpft?
5. Habe ich den richtigen Standplatz gewählt, von dem aus ich alle Zuhörer gut sehen kann?
6. Habe ich mit jedem der Anwesenden einen kurzen Blickkontakt gehabt?
7. Habe ich ein- und ausgeatmet?

Praxistipp

Eine Checkliste, die Sie konsequent abarbeiten, hilft Ihnen, sich von der aktuellen Redesituation abzulenken, daher die lampenfiebersenkende Wirkung. Allerdings funktioniert dies nur, wenn Sie ausschließlich Punkte in die Checkliste aufnehmen, die Sie selbst beeinflussen können. Bringen Sie also beispielsweise Ihre eigenen Flip-Chart-Stifte mit, wenn diese in Ihrer Liste erscheinen. Anfangs können Sie eine solche Checkliste als Karteikarte dabei haben, später werden Sie die Liste auswendig abarbeiten.

> Arbeiten Sie die Checkliste bis zum Augenblick unmittelbar vor dem Vortrag ab, damit Ihnen keine Zeit bleibt, erneut Nervosität aufzubauen.

Souverän auftreten, souverän abgehen

Eine Minute schweigen

Übung 24
70 sec

Material: Ganzkörperspiegel, Stoppuhr

1 Stellen Sie sich bei dieser Übung vor, Sie würden eine Rede vor einem großen Publikum halten. Treten Sie dann vor einen Ganzkörperspiegel und nehmen Sie zu sich selbst Blickkontakt auf. Dann eröffnen Sie eine fiktive Rede mit einem Satz, z. B. „Der Zeitpunkt, meine Damen und Herren, der Zeitpunkt für entschlossenes Handeln ist gekommen!"

2 Aktivieren Sie nun Ihre Stoppuhr und betrachten Sie sich eine Minute schweigend im Spiegel. Wichtig: Lesen Sie die Minute nicht ab, sondern drücken Sie auf die Stoppuhr, wenn Sie glauben, dass eine Minute vorbei ist.

3 Beenden Sie nun Ihre „Rede" mit einem Schlusssatz, z. B. „Daher: Zögern Sie nicht, sondern ergreifen Sie die Initiative und setzen Sie die Dinge in Bewegung." Jetzt können Sie die Zeit kontrollieren.

4 Wiederholen Sie die Übung so lange, bis Sie sicher und ohne Kontrolle der Zeit 50–70 Sekunden schweigend vor dem Spiegel stehen können. Bitte machen Sie keine Grimassen, sondern betrachten Sie Ihr Spiegelbild als echtes Publikum.

Praxistipp

Die 1-Minuten-Pause werden Sie in der Praxis häufiger anwenden können, als Sie zunächst glauben:

- Ein typischer Fall ist die Einstiegspause in eine Rede, mit der Sie sich die Konzentration und die Aufmerksamkeit des Publikums sichern können.
- Ein anderer Fall ist die Unruhe im Publikum, die Sie dadurch beenden, dass Sie Ihre Rede unterbrechen und so lange schweigen, bis die Ruhe wieder eingekehrt ist.
- Schließlich braucht auch eine Schlussfrage, die das Publikum in die Nachdenklichkeit führen soll, eine lange Pause, bevor der Redner abgeht.
- Oder die Pause, die Ihr Publikum braucht, die Informationen eines komplizierten PowerPoint-Charts zu erfassen.

Probieren Sie im Pannenfall während einer Rede auch einmal aus, einfach zu schweigen. Die meisten Pannen lassen sich innerhalb einer Minute leicht beheben und das Publikum wird Ihr Schweigen als absolute Souveränität deuten.

Den Anfang inszenieren

Übung 25
1 min

Material: Spiegel, ein Raum mit genügend Bewegungsfreiheit

Stellen Sie sich vor, Sie sind der Dirigent eines Orchesters und stehen unmittelbar vor Beginn der Aufführung. Warten Sie, bis Sie wirklich bereit sind, vor Ihr Publikum zu treten. Erst dann treten Sie auf wie ein Dirigent. Nehmen Sie auf dem Weg zu Ihrem Pult kurz Kontakt mit dem Publikum auf (Blick in Richtung Spiegel) und genießen Sie den Applaus, der Ihnen entgegengebracht wird. Treten Sie dann vor Ihr Pult und nehmen Sie wieder Blickkontakt zum Publikum auf. Der Applaus wird stärker. Erst wenn Sie diesen Applaus genossen haben, eröffnen Sie das Konzert mit einer energischen Geste in Richtung Ihres Orchesters.

Übertragen Sie diesen Auftritt nun auf die Situation als Redner und üben Sie den Auftritt in vier Phasen vor dem Spiegel:

1. Sich sammeln und bereit werden für den Auftritt.
2. Der Weg vor das Publikum mit einer ersten Kontaktaufnahme.
3. Kontaktaufnahme zum Publikum, das Publikum wird ruhig und konzentriert.
4. Eröffnung mit einer deutlichen Geste als visuelles Zeichen des Beginns.

Praxistipp

- Sie wirken bei Ihrem Auftritt souverän, wenn Sie sich ausreichend Zeit lassen, damit das Publikum Sie wahrnehmen kann. Je schneller Sie beginnen, desto nervöser wirken Sie auf Ihr Publikum.
- Die Eröffnungsgeste am Anfang mag Ihnen ein wenig gestellt vorkommen, dies verliert sich aber mit ein wenig Übung. Für das Publikum setzen Sie mit dieser Geste ein deutliches Startsignal und Sie bringen Ihre Hände in Bewegung, was sich positiv auf Ihre Gestik während der Rede auswirkt. Versuchen Sie es zunächst mit begrüßenden Gesten, wie einer Bewegung des Armes mit offener Hand im Kreis, die den meisten Menschen leicht fällt.

Den Abgang inszenieren

Übung 26
15 min

Material: Ganzkörperspiegel

1 Bereiten Sie drei Schlusssätze für einen Sachvortrag vor. Die Sätze sollten folgende Reden beschließen: eine kämpferische Rede, die das Publikum zu einer Handlung führen soll, eine nachdenkliche Rede, die dem Publikum Stoff zum Überlegen gibt, und einen klassischen Sachvortrag, der Informationen vermittelt. Natürlich können Sie auch Ihre Schlusssätze aus Übung 12 „Mit Schwung schließen" auf Seite 33 nehmen oder die Schlusssätze zum Thema „Go E-Commerce" aus der Lösung (siehe Seite 34). Dann sollten Sie jeweils beim dritten Redeschluss die Frage an das Publikum weglassen.

2 Stellen Sie sich vor einen großen Spiegel und sprechen Sie zunächst den Schlusssatz der *kämpferischen* Rede. Heben Sie dabei die Stimme an und machen Sie eine auffordernde Geste in Richtung Publikum. Lassen Sie Ihre Geste kurz in der Luft „hängen", nehmen Sie die Hand dann langsam herunter und treten Sie einen kleinen Schritt zurück. Warten Sie 10 Sekunden, dann gehen Sie in aller Ruhe unter Applaus ab. Wiederholen Sie diese Übung mehrmals, bis es Ihnen leicht fällt, die Pause zu machen und ohne einen weiteren Satz abzugehen.

3 Stellen Sie sich dann für die *nachdenkliche* Rede erneut vor den Spiegel. Sprechen Sie die nachdenklich stimmende Abschlussfrage Ihrer Rede und senken dabei zum Fragezei-

chen hin die Stimme ab. Verzichten Sie auf Gestik. Warten Sie 10 Sekunden – dann gehen Sie mit einem leichten Kopfnicken ab. Warten Sie nicht auf den Applaus. Wiederholen Sie auch diese Übung mehrfach, bis Sie in der Lage sind, durch Ihren ruhigen Abgang eine nachdenkliche Stimmung zu hinterlassen.

4 Stellen Sie sich nun für die abschließende Variante erneut vor den Spiegel. Sprechen Sie das Fazit eines *Sachvortrags*. Achten Sie dabei darauf, dass Sie Ihre Stimme zum Satzende hin weder absenken noch anheben. Wenn Sie gestikulieren möchten, dann achten Sie auf kleine knappe Gesten. Warten Sie erneut 10 Sekunden und schließen Sie mit einem „Vielen Dank". Nehmen Sie nun den Applaus entgegen und gehen Sie dann in aller Ruhe ab. Wiederholen Sie auch diese Übung mehrfach.

Praxistipp

Viele Redner verpatzen eine ordentliche Rede durch einen überhasteten Abgang. Statt den Applaus oder das Schweigen auszuhalten, wird der Vortrag durch ein vorschnelles „Danke" beendet und der Redner „läuft davon". Sorgen Sie lieber für einen souveränen Abgang und lassen Sie sich Zeit – das unterstreicht die Qualität Ihrer Rede.

Sie können sich den Abgang erleichtern, wenn Sie vor Ihrer Rede mit dem Veranstalter klären, wie Ihr Abgang aussehen wird. Dieser kann dann eine kurze Moderationspause einflechten, in der Ihre Unterlagen durch einen Helfer abgeräumt und die Technik deinstalliert werden kann.

Aufbautraining für den Vortrag in Entscheidungssituationen

Dieser Trainingsteil hilft Ihnen dabei,

- mit Mimik und Gestik souverän und wirkungsvoll aufzutreten,
- in Pro- und Contra-Situationen Ihr Publikum für Ihre Position argumentativ zu gewinnen,
- mit Sprachspielen Ihre Argumentation auf abwechslungsreiche Weise zu unterstützen.

Darum geht es in der Praxis

Es ist eine Tatsache, dass viele Entscheidungen aus dem Bauch heraus gefällt werden – dies sollten Sie bei Ihrer Rede berücksichtigen. Ihre Gegenüberstellung von Pro und Contra im Rahmen Ihrer Rede soll ein positives Gefühl erzeugen, welches die Zuhörer zu Pro tendieren lässt, sogar wenn die Faktenlage in diesem Moment noch eher für die Contra-Position spricht.

Als erfahrener Redner werden Sie diesen Mechanismus zu nutzen verstehen, ein positives Gefühl bei den Zuhörern zu erzeugen – im Übrigen auch dann, wenn den Zuhörern gar kein Contra bekannt ist. Wenn Sie den eigenen Argumenten ein Contra gegenüberstellen, wirkt Ihre Rede und somit Ihre Position wesentlich durchdachter und glaubwürdiger.

Im betrieblichen Alltag dominiert heute der Sachvortrag, in dem nüchtern eine Unmenge von Zahlen, Daten und Fakten präsentiert werden, auch und gerade wenn das Publikum zwischen Alternativen schwankt. Dabei ist es mit Hilfe der rhetorischen Gegenüberstellung von Pro und Contra, einer kunstvollen Abwägung unterschiedlicher Positionen, möglich, die Entscheidung des Publikums wesentlich stärker zu beeinflussen, als durch reine Faktenreihen.

Die Übungen in diesem Kapitel werden Sie auf den Weg bringen, diese Kunst zu beherrschen.

Die persönliche Wirkung steigern

Hochstatus kennen lernen

Übung 27
1 Stunde

Material: eine belebte Fußgängerzone

Begeben Sie sich in eine belebte Fußgängerzone und wandern Sie die Straßen mehrmals auf und ab. Für einen Zeitraum von jeweils 10 Minuten sollten Sie dabei die nachfolgend definierten Körpersignale aussenden:

1. Suchen Sie bewusst Blickkontakt zu anderen Menschen. Weichen Sie dem Blick nicht aus, sondern halten Sie ihn, bis der andere den Kontakt abbricht oder Sie an der Person vorbeigegangen sind. Achten Sie auf die Reaktionen.
2. Drehen Sie bei Ihrem Spaziergang die Füße leicht nach außen. Achtung: kein Donald-Duck-Watschelschritt! Bewegen Sie den Kopf nur langsam und sparsam, keinesfalls ruckartig. Halten Sie Blickkontakt zu anderen Passanten. Vergleichen Sie die Reaktionen mit den Reaktionen zuvor.
3. Verhalten Sie sich wie in Durchgang 2, nur betrachten Sie jetzt die Fußgängerzone als Ihr ureigenes Revier. Weichen Sie anderen Personen nicht aus. Achten Sie auch jetzt wieder auf die Reaktionen Ihrer Mitmenschen.

Wiederholen Sie die Übung mehrfach und achten Sie zusätzlich darauf, wie Sie sich in den einzelnen Sequenzen fühlen.

Lösungstipps

Um die unterschiedliche Wirkung Ihres Auftretens einzuschätzen, achten Sie auf folgende Reaktionen der Passanten:

- Wenden die Personen den Blick von Ihnen ab?
- Wenden die Personen den Blick kurz ab und schauen anschließend nochmals schnell zu Ihnen hin, bevor Sie den Blick erneut abwenden?
- Halten die Personen den Blickkontakt?
- Weichen Ihnen die Personen, die Sie ansehen, aus?
- Haben die Personen, mit denen Sie beinahe zusammengeprallt sind, den Blickkontakt bis zum Schluss gehalten?
- Werden Sie von völlig Fremden plötzlich gegrüßt?

Interessant für Sie ist es außerdem, einen Vergleich anzustellen, welche Reaktion Ihrem Hochstatusverhalten während der verschiedenen Durchgänge häufiger entgegengebracht wird: der ausweichende oder der gehaltene Blick?

Praxistipps

Für eine maximale Wirkung beim Auftritt ist es empfehlenswert, die Statussignale des dritten Durchgangs zu zeigen: raumgreifender Schritt, Blickkontakte halten, wenige ruhige Kopfbewegungen und das Gefühl, im eigenen Revier aufzutreten. Bei großen Gruppen empfiehlt es sich außerdem, durch die Mitte aufzutreten, wodurch Ihre Hochstatuswirkung weiter gesteigert wird. Ihr Auftritt wirkt sicher und selbstbewusst.

Tiefstatus kennen lernen

Übung 28
1 Stunde

Material: eine belebte Fußgängerzone

Begeben Sie sich in eine belebte Fußgängerzone und wandern Sie die Straßen mehrmals auf und ab. Senden Sie für einen Zeitraum von jeweils 10 Minuten die nachfolgend definierten Körpersignale aus:

1. Weichen Sie bewusst jedem Blickkontakt aus, sobald Sie merken, dass Sie jemand ansieht.
2. Weichen Sie jedem Blickkontakt aus und drehen Sie die Füße in den Schuhen (!) leicht nach innen. Sehen Sie schnell weg, wenn jemand Sie ansieht.
3. Verhalten Sie sich wie in Durchgang 2, nur sehen Sie diesmal schnell noch mal hin, nachdem Sie weggesehen hatten, und wenden den Blick dann rasch auch wieder ab. Weichen Sie sofort aus, wenn Ihnen jemand nahe kommt.

Lösungstipps

Um die unterschiedliche Wirkung Ihres jeweiligen Auftretens besser einschätzen zu können, hilft es Ihnen, auf die folgenden Reaktionen der Passanten zu achten:

- Wie reagieren die anderen Passanten auf Sie?
- Werden Sie gestoßen oder angerempelt?
- Werden Sie angepöbelt?

Sollten Sie die Hochstatusübung zuvor durchgeführt haben, hilft es Ihnen bei der Einschätzung Ihrer persönlichen Wirkung, die beiden Varianten miteinander zu vergleichen.

Praxistipps

Tiefstatusverhalten wird in Redesituationen häufig dadurch sichtbar, dass

- der Redner keinen Blickkontakt sucht,
- sich der Redner am Rand und nicht in der Mitte vor dem Publikum positioniert,
- sich der Redner Gegenstände wie Flip-Chart, Stifte, Tische und Rednerpulte sucht, um sich daran festzuhalten und
- der Redner lieber im Sitzen als im Stehen vorträgt.

Einen in der Wirkung optimierten Auftritt erzielen Sie dadurch, dass Sie vor dem Publikum zentral und frei stehen. Auch beim Einsatz von Medien wie Beamer oder Folie ist es wichtig, von der Mitte und nicht von einer seitlichen Position zu sprechen, um Ihre persönliche Wirkung nicht herabzusetzen.

Augenfarben herausfinden

Übung 29

Je nach Rededauer

Material: eine Live-Redesituation, 6-15 Zuhörer

1 Nehmen Sie sich vor der Rede vor, die Augenfarbe Ihrer Zuhörer ergründen zu wollen.

2 Sehen Sie während der Rede Ihren Zuhörern in die Augen und notieren Sie gedanklich die Farbe ihrer Augen.

3 Überprüfen Sie nach der Rede für sich selber, an wessen Augenfarbe Sie sich erinnern können

Lösungstipps

- Planen Sie in Ihre Rede persönliche Ansprachen ein mit Formulierungen wie „Herr Müller, im Rahmen der ...“, „Sie meine Damen, und Sie, meine Herren ...“, „Ihre Vorstellungen und die Vorstellungen Ihres Kollegen hier ...“.
- Wenn Sie einzelne Personen in dieser Weise ansprechen, fällt es Ihnen leicht, einen echten „sehenden“ Blickkontakt aufzubauen, sodass Sie die Augenfarbe gut erkennen können.

Praxistipp

Die Hauptverbindung zwischen Menschen erfolgt über die Augen. Je verbindlicher Ihr Augenkontakt zu den Zuhörern ist, desto persönlicher wirkt Ihre Rede und desto überzeugender platzieren Sie Ihre Argumentation bei den Zuhörern.

Mit Gesten wirken

Übung 30
10 min

Material: Ganzkörperspiegel

Stellen Sie sich vor einen Spiegel und sprechen Sie laut einen Redetext vor sich hin. Wenn Sie keinen eigenen Text parat haben, können Sie auch folgenden Text sprechen:

„Und ich frage Sie, Herr Müller, welche Maßnahmen haben Sie in letzter Zeit unternommen, um der Unzufriedenheit in Ihrem Bereich entgegenzuwirken? Ich kann Ihnen die Antwort liefern: keine! Und da frage ich mich: Können wir auf der einen Seite Engagement von den Mitarbeitern erwarten, wenn wir auf der anderen Seite nicht die geringste Zukunftsperspektive anbieten?"

Unterstreichen Sie Ihre Rede mit Gesten.

1 Testen Sie die Wirkung, die Sie erzielen, wenn Sie unterhalb der Gürtellinie gestikulieren, und im Vergleich, die Wirkung mit über der Gürtellinie ausgeführten Gesten.
2 Bleiben Sie nun mit den Händen über der Gürtellinie und führen Sie die Gesten unmittelbar vor Ihrem Körper aus. Wiederholen Sie den Part Ihrer Rede und setzen die gleichen Gesten ein, jetzt aber seitlich neben Ihrem Körper.
3 Nun versuchen Sie es erneut, achten jedoch darauf, dass Ihre Gesten am entscheidenden Punkt einen Moment gehalten werden, beispielsweise bevor Sie die Hand zurückführen oder zu einer weiteren Geste ansetzen.

Lösungstipps

- Diese Übung dient dazu, Sie für wirkungsvolle Gestik zu sensibilisieren, und nicht dazu, bestimmte Gesten einzuüben.
- Verwenden Sie daher keine besonderen Gesten, sondern einfache, wie beispielsweise eine mit den Fingern gezeigte Aufzählung oder die gestische Unterstützung des Satzes „Auf der einen Seite ..., auf der anderen Seite ..."

Praxistipps

- Beim Vortrag vor großen Gruppen wirken kleine Gesten nicht. In einer solchen Situation ist es notwendig, dass Sie für Ihre Gesten weiter ausholen. Dies gelingt Ihnen leicht, wenn Sie sich vorstellen Luftballons unter den Achseln zu tragen. Dadurch entfernen Sie Ihre Ellenbogen vom Körper und Ihre Gesten wirken deutlich größer.
- Die wirkungsvollsten Gesten sind die, die Sie automatisch einsetzen, wenn Sie Dinge besonders betonen wollen.
- Aus diesem Grund finden Sie Ihre Gestik durch Selbstbeobachtung in engagierten Gesprächen. Achten Sie einmal darauf, welche Gesten Sie in solchen Situationen einsetzen und verwenden Sie diese Gesten sowohl bei den Übungen als auch bei realen Auftritten.

> Mit Gesten, die Sie unwillkürlich ausführen, wenn Sie sich engagiert unterhalten, erzielen Sie ein Maximum an Authentizität und Überzeugungskraft.

Mit Pro und Contra überzeugen

Den Advocatus diaboli geben

Übung 31
1 Stunde

Material: Papier, Stift

1 Teilen Sie ein Blatt Papier in zwei Spalten. Tragen Sie links Ihre Argumente zu einem Thema aus Ihrem Berufsleben ein oder zum Thema „Soll der Unternehmensgewinn durch Personalabbau gesteigert werden?“ Ordnen Sie jedem Ihrer Argumente ein Argument der Gegenseite zu.

2 Versetzen Sie sich anschließend in die Rolle eines Zuhörers, der die gegenteilige Meinung vertritt und greifen Sie Ihre eigene Argumentation an. Führen Sie die Gegenargumente ausführlich aus und versuchen Sie dreimal, Ihre eigene Argumentation auseinander zu nehmen.

3 Markieren Sie die von Ihnen vertretenen Argumente, die Sie bisher nicht entkräften konnten. Das sind Ihre starken Argumente. Markieren Sie auch die Argumente der Gegenseite, die Sie als besonders schlagkräftig empfunden haben. Das sind die Argumente, mit denen Sie sich in Ihrer Rede auf jeden Fall auseinandersetzen müssen.

4 Versuchen Sie nun in einem letzten Durchlauf, Ihre stärksten Argumente durch eine emotionale Entgegnung (anschauliche Beispiele, Tränendrüse), nicht durch Fakten, zu erschüttern. Gelingt Ihnen dies, so markieren Sie diese Argumente zusätzlich. Sie müssen diese noch mit eigenen emotionalen Beispielen aufbereiten.

Lösungstipps

- In der Praxis wird häufig mit logischen Schlussfehlern argumentiert. Die Argumentation „Alle Menschen haben ein Herz, Sokrates ist ein Mensch, also hat Sokrates ein Herz" ist schlüssig. Die folgende Variante jedoch „Alle Frösche haben ein Herz, Sokrates hat ein Herz, also ist Sokrates ein Frosch" ist hingegen falsch, da aus dem Detail auf die Allgemeinheit geschlossen wird. Das Beispiel klingt vielleicht eher amüsant, es handelt sich hier aber um einen logischen Fehler, der vielen unter Stress oder im engagierten Gespräch häufig unterläuft. Ein Ansatz beim Versuch, Ihre Argumentation zu entkräften, besteht darin, solche logischen Schlussfehler zu entlarven.
- Eine weitere typische Unart der Alltagsrede bezieht sich auf die Verwendung von scheinbaren faktischen Belegen für die eigenen Aussagen. Da werden Studien angeführt, ohne dass nachgewiesen werden kann, dass die zugrunde liegenden Rahmenbedingungen der Studie auch mit der in der Rede behandelten Situation übereinstimmen. Versuchen Sie daher auch die Fakten, die Sie in Ihrer Argumentation anführen, kritisch zu betrachten und in Frage zu stellen.
- Schließlich werden häufig Beispiele angeführt, die der sachlichen Argumentation widersprechen oder tatsächlich nur Einzelfälle darstellen. Seien Sie sich selbst gegenüber auch diesbezüglich ein scharfer Kritiker.

Lösung

Da die Anführung emotionaler Beispiele eine starke Waffe gegen sachliche Argumente ist, gebe ich Ihnen ein Beispiel, wie Sie emotional Fakten erschüttern können.

Das Argument lautet: Durch den Abbau von 15 Arbeitsplätzen in der Produktion ist es möglich, bei gleich bleibender Produktivität das Betriebsergebnis um 5 % zu steigern.

Die emotionale Gegenargumentation: Sie haben Recht, 5 % sind eine Größe, die es auf den ersten Blick geradezu unumgänglich macht, 15 Mitarbeiter dem Arbeitsmarkt zur Verfügung zu stellen. Doch ich frage Sie: Wer sind diese 15? Ralf Müller, Familienvater, vor 3 Wochen hat er sein zweites Kind bekommen, Klein-Timo. Er ist einer der 15. Oder Erika Treier, sie arbeitet bei uns immer freiwillig in der Nachtschicht, weil sie dadurch Zeit hat, sich untertags um ihre behinderte Tochter zu kümmern. Friedrich Erhardt: Vor wenigen Tagen ist er zu mir gekommen und hat mir erzählt, dass seine Frau bei einem Autounfall ums Leben kam. Ich könnte die Liste noch fortsetzen, doch ich bin mir sicher, für Sie bleibt es dabei: 15 abgebaute Mitarbeiter bringen 5 % Steigerung des Betriebsergebnisses, nach Steuer also 85.000 €.

Praxistipps

- Nutzen Sie die Vorbereitung der Gegenargumentation dazu, sich auf Einwürfe Ihrer Zuhörer vorzubereiten.
- Beziehen Sie auch unsachliche Gegenargumentationen ein, um im „Ernstfall" vorbereitet zu sein: „Klar, dass Sie das sagen, schließlich sind Sie bei den 15 nicht dabei."

Überzeugend argumentieren

Übung 32
10 min

Material: das Argumentationsschema im Formblatt „Der schlichte Diskurs" auf der CD-ROM

1 Bereiten Sie eine Liste mit Pro-Argumenten vor, zu einem Thema Ihrer Wahl oder zum Thema „Bücher online bestellen".

2 Formulieren Sie eines Ihrer Kernargumente nach dem folgenden Muster um: Aussage – Begründung – sachlich-faktischer Beweis für die Begründung – emotional-anschauliches Beispiel zur Begründung – Schlussfolgerung und tragen Sie diese Sätze in die dafür vorgesehenen Felder des Schemas auf der CD-ROM ein.

3 Beschränken Sie sich je formulierter Aussage auf ein Argument und jeweils einen faktischen Beweis sowie ein emotionales Beispiel. Achten Sie darauf, dass Ihre Aussage bereits die Richtung der Argumentation vorgibt und nicht nur eine Stellungnahme darstellt.

Wiederholen Sie die Übung mit den anderen Kernargumenten.

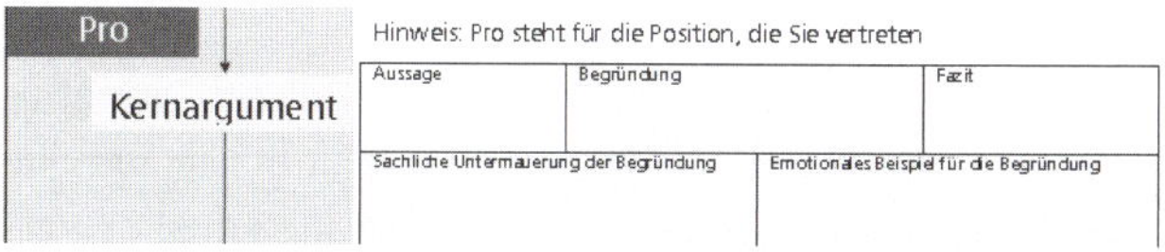
Pro
Kernargument
Hinweis: Pro steht für die Position, die Sie vertreten
Aussage
Begründung
Fazit
Sachliche Untermauerung der Begründung
Emotionales Beispiel für die Begründung

Ausschnitt aus dem Formblatt „Der schlichte Diskurs" (CD-ROM)

Lösungstipps

Eine starke Argumentation spricht den Zuhörer sowohl auf der rationalen wie auf der emotionalen Ebene an. Die Struktur ist logisch und schlicht, so dass die Zuhörer wenig Ansatzpunkte haben, gedanklich abzuschweifen. Gehen Sie bei der Strukturierung daher am besten wie folgt vor:

- Formulieren Sie zunächst eine Aussage mit richtungsweisendem Charakter.
- Begründen Sie Ihre Aussage mit einem einleitenden, zumindest gedanklich formulierten „Weil".
- Suchen Sie nun nach Zahlen, Daten und Fakten, die Ihre Begründung stützen. Beschränken Sie sich innerhalb des Arguments auf die Darstellung eines belegten Fakts und vermeiden Sie die Anhäufung von Datenmaterial.
- Suchen Sie nun nach einem konkreten Beispiel aus der Umgebung Ihrer Zuhörer. Alternativ können Sie auch von einer eigenen Erfahrung berichten, die Ihre Begründung stützt. Achten Sie darauf, dass Sie sich auf ein Beispiel beschränken, dieses aber sehr plastisch schildern.
- Formulieren Sie eine abschließende Schlussfolgerung, indem Sie ein Fazit ziehen oder Ihren Zuhörern eine konkrete Verhaltens- bzw. Handlungsempfehlung geben.
- Um ein emotional-anschauliches Beispiel sprachlich lebendig werden zu lassen, benötigen Sie mehr Worte als für die Darstellung von Fakten. Ein Indiz für die korrekte Aufbereitung eines Arguments ist daher die anteilige Verteilung Ihrer Worte auf Fakten und Emotionen.

Lösung

Angenommen, Sie argumentieren dafür, Bücher online zu bestellen, dann könnte eines Ihrer Argumente wie folgt aussehen:

- **Richtungsweisende Aussage:** Die Möglichkeit, Bücher über das Internet zu bestellen, fördert das spontane Kaufverhalten der Kunden, ...
- **Begründung:** ..., da die Zeit für den Weg zum Buchhändler eingespart wird.
- **Fachliche Unterstützung:** Eine Untersuchung des Instituts XY hat ergeben, dass die durchschnittliche Entfernung von der Wohnung eines Bewohners einer Stadt mit 35.000 bis 250.000 Einwohnern zu seinem nächsten Buchhändler 1,2 Kilometer beträgt. Das schnellste Verkehrsmittel für diese Entfernung ist das Fahrrad, mit dem durchschnittlich 5 Minuten bis zum Buchhändler benötigt werden. Die Zeitersparnis beim Kauf von Büchern über Internet beträgt demnach mindestens 10 Minuten gegenüber dem Kauf beim Buchhändler. Berücksichtigen Sie ergänzend die Umfrage unter Führungskräften deutscher Firmen, die der Spiegel im Januar 2006 durchgeführt hat, mit dem Ergebnis, dass Zeit der größte Engpass im Management darstellt, so wird der Zusammenhang zwischen spontanen Buchbestellungen und dem Zeitfaktor deutlich.
- **Emotionales Beispiel:** Stellen Sie sich einmal vor, Sie sitzen am Mittwochabend zu Hause und lesen die neue ZEIT. Im Literaturteil finden Sie ein Buch, welches Sie ger-

ne erwerben möchten. Nachdem Sie einen anstrengenden Tag hinter sich haben, fällt es Ihnen jetzt schwer sich nochmals aufzuraffen und zu Ihrem Buchhändler zu fahren. Außerdem beginnt in wenigen Minuten das Heute-Journal mit einem Beitrag über das Unternehmen, in dem Sie beschäftigt sind, das Sie deshalb also unbedingt ansehen möchten. Außerdem haben Sie keine Lust mehr, aus dem Haus zu gehen. Sie nehmen sich daher dringend vor, das Buch bei nächster Gelegenheit, wenn Sie zufällig mal bei Ihrem Buchhändler vorbeikommen, zu kaufen. Doch das Buch gerät bald in Vergessenheit.

- **Schlussfolgerung:** Aus diesem Grund ist es für den Buchhandel wesentlich, die Angebote im Internet-Buchhandel aktiv zu bewerben und damit spontane Kaufentscheidungen zu unterstützen.

Praxistipps

- Beschränken Sie sich bei Ihren Argumenten auf einen Blickwinkel bzw. einen Teilaspekt. In weiteren Argumenten können Sie ergänzend die anderen Aspekte berühren. Wenn Sie versuchen, mit einem Argument alles auf einmal abzudecken, laufen Sie Gefahr sich zu verzetteln. Erlauben Sie es Ihren Zuhörern nicht, sich aus einem Wust von Informationen die angreifbarsten herauszupicken.
- In Argumentationsketten wie oben fehlen immer Aspekte, oder es gibt Stellen, die man hinterfragen könnte. Dennoch ist dieses Vorgehen sinnvoll, da die Aufmerksamkeit der Zuhörer auf einen Teilaspekt gelenkt wird.

In der Praxis hat es sich bewährt, erst fachlich-faktisch, dann emotional-anschaulich zu argumentieren. Denn mit den Fakten beschäftigen Sie die „Logiker" unter Ihren Zuhörern, die bei Voranstellen der emotionalen Argumentation mit dem Ruf nach Fakten schnell zu unangenehmen Zwischenrufern werden können.

Der schlichte Diskurs

Einleitung	
Interesse	
Begrüßung	
Pro	Hinweis: Pro steht für die Position, die Sie vertreten
Kernargument	Aussage / Begründung / Fazit Sachliche Untermauerung der Begründung / Emotionales Beispiel für die Begründung
Kernargument	Aussage / Begründung / Fazit Sachliche Untermauerung der Begründung / Emotionales Beispiel für die Begründung
Argumente	• •
Contra	
Argumente	• •
Pro	
Höhepunkt	
Kernargument	Aussage / Begründung / Fazit Sachliche Untermauerung der Begründung / Emotionales Beispiel für die Begründung
Schluss	
Position	
Anfangsbezug	
Schlussaussage	

Einen schlichten Diskurs führen

Übung 33
30 min

Material: die Liste mit Pro- und Contra-Argumenten aus Übung 32 „Überzeugend argumentieren“ (Seite 71), das Redeschema „Der schlichte Diskurs“ auf der CD-ROM (siehe auch Seite 76), Stoppuhr

1. Wählen Sie aus der Liste Ihrer Argumente die starken Kernargumente aus. Beschränken Sie sich dabei auf die drei stärksten. Ordnen Sie diese nun wie folgt an: zwei der drei starken Argumente direkt nach der Einleitung in dem Part der Rede, in dem Sie Ihre Position vertreten, das letzte starke Kernargument an das Ende Ihrer Rede, unmittelbar vor dem Schlussteil (siehe CD-ROM-Vorlage).
2. Verteilen Sie die wichtigsten Gegenargumente im mittleren Teil der Rede (siehe CD-ROM-Vorlage).
3. Tragen Sie sich den Hauptteil Ihrer Rede einmal vor und vergleichen Sie die benötigte Zeit mit der zur Verfügung stehenden Zeit. Sollte unter Berücksichtigung der fehlenden Einleitung und des fehlenden Schlusses noch Raum für weitere Argumente bleiben, so ergänzen Sie diese bitte jetzt.
4. Fügen Sie abschließend Einleitung und Schluss hinzu.

Praxistipps

- Beachten Sie bei der Aufbereitung der Gegenargumentation, dass Sie zwar die wichtigsten Gegenargumente nennen, diese aber nicht unnötig durch Fakten oder emotionale Beispiele untermauern.
- Platzieren Sie Ihre beiden wichtigsten Argumente auf jeden Fall am Anfang Ihrer Rede, da die Aufmerksamkeit der Zuhörer mit zunehmender Rededauer abnimmt und Ihre Argumentation zu einem späteren Zeitpunkt nicht mehr vollständig aufgenommen wird.
- Um Ihrem dritten starken Kernargument auch am Ende der Rede noch Gehör zu verschaffen, ist es sinnvoll, unmittelbar nach der Gegenargumentation einen sprachlichen, körpersprachlichen oder medialen Höhepunkt einzufügen. Damit werden die Zuhörer wieder in ihrer Aufmerksamkeit angestachelt und Ihr Argument findet wieder „offene" Ohren.
- Achten Sie bei Ihren wichtigen Kernargumenten darauf, dass sich die jeweils aus dem Argument gezogenen Schlussfolgerungen so ergänzen, dass danach ein klarer die Einzelfolgerungen zusammenfassender Schlussappell auf der Hand liegt.

Einen dialektischen Diskurs führen

Übung 34
30 min

Material: die Liste mit Pro- und Contra-Argumenten aus Übung 32 „Überzeugend argumentieren" (Seite 71), das Redeschema „Der dialektische Diskurs" auf der CD-ROM (siehe auch Seite 81), Stoppuhr

1. Wählen Sie aus der Liste Ihrer Argumente die starken Gegenargumente aus. Wählen Sie jeweils ein Gegenargument und widerlegen Sie es präzise durch ein von Ihnen vertretenes Argument. Achten Sie bei der Gegenüberstellung der Argumente darauf, dass die Gegenargumente lediglich aus Aussage und Begründung bestehen, Ihre eigenen Argumente jedoch zusätzlich den faktischen Beweis und das emotionale Beispiel enthalten. Tragen Sie die Argumente in die dafür vorgesehenen Felder ein.
2. Tragen Sie sich den Hauptteil Ihrer Rede einmal vor und vergleichen Sie die benötigte Zeit mit der zur Verfügung stehenden Zeit. Sollte unter Berücksichtigung der fehlenden Einleitung und des fehlenden Schlusses noch Raum für weitere Argumente bleiben, so ergänzen Sie diese bitte jetzt.
3. Fügen Sie abschließend Einleitung und Schluss hinzu.

Lösungstipps

Beachten Sie, dass Sie mit einem starken, von Ihnen vertretenen Argument beginnen und mit einem ebenso starken Argument enden. Sorgen Sie dafür, dass das erste für Ihre Position vorgetragene Argument ohne Widerspruch im Raum bleibt und steigen Sie erst danach mit der Gegenargumentation in den dialektischen Diskurs ein.

Praxistipp

- Um bei dieser Form der dialektischen Auseinandersetzung als Redner und Zuhörer den roten Faden nicht zu verlieren, empfehle ich Ihnen, die jeweilige Position visuell durch Wechsel des Standplatzes zu unterstützen. Zum Beispiel die Pro-Position von der linken Seite, die Contra-Position von der rechten Seite vorzutragen.
- Konzentrieren Sie sich außerdem bei dieser Redeform auf die wesentlichen Argumente sowohl von Ihnen, als auch von der Gegenseite. Damit halten Sie die Rede kurz und nachvollziehbar und verwirren Ihre Zuhörer nicht durch zu viel Hin und Her.
- Um deutlich zu kennzeichnen, welche Position Sie jeweils darlegen, ist häufig – nämlich dann, wenn die Gegenseite einen Teil des Publikums darstellt – die Verwendung von fiktiven Zitaten, der Sermocinatio (siehe Seite 96), eine empfehlenswerte Technik. Durch das fiktive Zitat, „Sie werden jetzt einwenden ..." kennzeichnen Sie das Gegenargument und entkräften es anschließend mit Ihrer Argumentation.

Der dialektische Diskurs

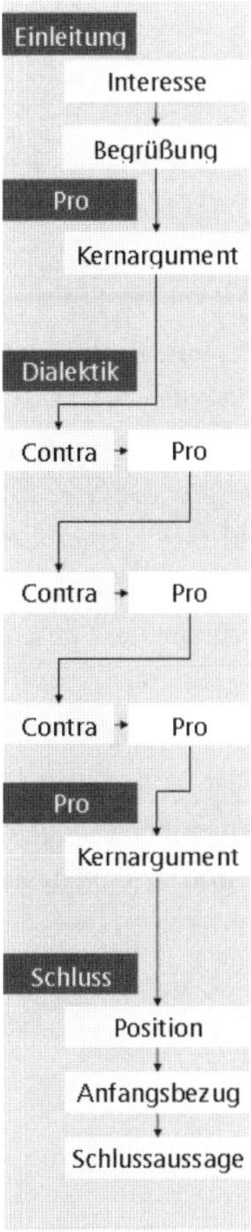

Hinweis: Pro steht für die Position, die Sie vertreten

Aussage	Begründung	Fazit
Sachliche Untermauerung der Begründung	Emotionales Beispiel für die Begründung	

Contra	Pro

Aussage	Begründung	Fazit
Sachliche Untermauerung der Begründung	Emotionales Beispiel für die Begründung	

So setzen Sie Akzente

Emotionalisierend sprechen

Übung 35
20–30 min

Material: Kassettenrekorder oder Videokamera

1 Bereiten Sie einen kurzen Redeausschnitt vor, in dem Sie eine direkte Ansprache des Publikums vorsehen. Alternativ dazu können Sie auch folgende Passage verwenden: „Der heutige Tag ist für uns alle, für Sie ebenso wie für mich, ein Tag der Entscheidung. Jetzt und hier können Sie mit einem klaren Ja oder einem ebenso klaren Nein die Weichen für unser Unternehmen stellen. Meine Damen, meine Herren, in unseren Händen liegt jetzt die Zukunft unseres Unternehmens. Nehmen wir die Verantwortung wahr."

2 Tragen Sie diese Passage anschließend mit minimalen textlichen Veränderungen mehrmals vor und zeichnen Sie Ihren Vortrag auf.

3 Vergleichen Sie, ob es Ihnen gelungen ist, die folgenden Unterschiede deutlich herauszuarbeiten:

- nachdenklich, Betroffenheit auslösend
- spielerisch-locker, beinahe schon witzig
- aggressiv-fordernd, mit Wut im Bauch
- motivierend, Handlungen auslösend

Lösungstipps

Emotionen auszulösen gelingt am leichtesten, wenn Sie sich in einen emotionalisierten Zustand versetzen. Stellen Sie sich bei einer nachdenklichen Rede beispielsweise vor, Sie wären bei einer Beerdigung, spüren Sie der Trauer nach. Bei einer aggressiven Rede erinnern Sie sich an eine Situation, in der Sie vor Wut schier „geplatzt" sind. Projizieren Sie die Gesichter der damals Beteiligten in die Gesichter Ihrer jetzigen Zuhörer und tragen Sie dann vor.

Praxistipps

- Eine witzig-lockere Rede in einem Rahmen zu halten, in dem das Publikum auf große Ernsthaftigkeit eingestellt ist, stellt eine Herausforderung für Redner dar. Meist kommen in der Anfangsphase selbst die besten Pointen nicht an. Für den Redner heißt es jetzt unbeirrt fortfahren, da sich das Publikum erst mit zunehmender Rededauer entspannen wird. Gibt der Redner zu früh auf, verschenkt er den Redeerfolg leichtfertig.
- Während einer ansprechenden Rede wechseln die Emotionen. Bereiten Sie daher einzelne Passagen Ihrer Rede mit unterschiedlichen emotionalen Hintergründen auf. Beginnen Sie beispielsweise motivierend, wechseln Sie dann zu nachdenklich und schließen Sie erneut motivierend.

> Aggressive Passagen sind ein geeignetes Mittel, um die Zuhörer wach zu rütteln und Reaktionen zu provozieren. Sie sollten jedoch darauf achten, dass die aggressive Passage nicht zu lange währt und dadurch ins Lächerliche abdriftet.

Der gespielte Dialog

Übung 36
15 min

Material: zwei Stühle, ein Tisch, Kreppband

1 Bereiten Sie einen Redeeinstieg vor, der aus einem Dialog zwischen zwei Personen über eine Ihre Redeinhalte betreffende Situation besteht. Schreiben Sie diesen Dialog auf und geben Sie den beiden handelnden Personen einen Namen. Sprechen Sie den Dialog zunächst einmal vor sich hin und überprüfen Sie ihn darauf, ob sich zwei Menschen so unterhalten würden, oder ob Sie unnatürliche Schriftsprache gewählt haben. Korrigieren Sie den Dialog gegebenenfalls noch einmal.

2 Nun können Sie mit den unterschiedlichen Varianten experimentieren. Markieren Sie mit dem Kreppband auf dem Boden die Standposition Ihrer beiden Personen. Achten Sie auf einen Abstand von 1,5 Metern. Sprechen Sie nun den Dialog, indem Sie je nach sprechender Person von einem Standplatz zum anderen wechseln. Schweigen Sie, während Sie den Platz wechseln und achten Sie darauf, dass Sie die „zweite" Person ansehen, so lange Sie sprechen.
Als Variation können Sie eine Person fiktiv auf einen Tisch setzen, während der Standplatz der anderen Person weiterhin durch Kreppband markiert wird. Führen Sie die Übung wie zuvor beschrieben durch, achten Sie jedoch darauf, dass die sitzende Person immer nach oben spricht, die stehende Person nach unten.

3 Für die abschließende Variante stellen Sie bitte zwei Stühle einander gegenüber. Wählen Sie einen Winkel zwischen den Stühlen von 120°–140°. Setzen Sie sich auf den einen Stuhl und sprechen Sie den fiktiven Partner auf dem anderen Stuhl an. Machen Sie eine lange Pause, in der Ihr Partner „antwortet", und reagieren Sie dann mit Ihrem Satz. Kontrollieren Sie, ob Ihr Dialog auch ohne tatsächlich zu hörende Antworten Ihres Partners zu verstehen ist, und korrigieren sie ihn gegebenenfalls entsprechend.

Lösungstipp

Gesprochene Sprache ist für diese Art des Redeeinstiegs extrem wichtig. Daher rate ich Ihnen, im Vorfeld dieser Übung, Dialoge im Alltag zu beobachten. Achten Sie bewusst darauf, wie in Dialogen gesprochen wird, wie sich die Redner versprechen und wie sie Körpersprache einsetzen.

Praxistipps

- Einen Pro-Contra-Vortrag können Sie mit einem Dialog sehr schön einleiten, indem Sie die beiden Personen konträre Haltungen vertreten lassen. Wenn Sie dann noch darauf achten, dass Sie auch während Ihrer Rede bei den Contra-Inhalten einen Standplatz wählen, der auf der Seite des Contra-Vertreters angesiedelt ist, und bei Pro-Inhalten einen auf der anderen Seite, so unterstützen Sie mit Ihrer Körpersprache die inhaltliche Zuordnung Ihrer Argumente. Die Zuhörer werden dies insbesondere bei schwierigen Gegenüberstellungen schätzen.

- Es ist hilfreich, eine namentliche Ansprache in die Dialoge einzubauen. Damit lassen sich die fiktiven Personen klar von Ihrer Person als Redner unterscheiden und voneinander abgrenzen. Der Rollenwechsel wird Ihnen durch einen Satz wie „Sehr schön, Klaus, dass du dich endlich auch mal mit dem Thema beschäftigst" deutlich erleichtert. Vorsicht: Missbrauchen Sie die Namen nicht dazu, einem der Teilnehmer eins auszuwischen!
- Am Ende der Rede sollten Sie auf jeden Fall nochmals den Einstiegsdialog aufgreifen, weil dadurch der Bogen zum Anfang geschlossen wird. Vielleicht ist Klaus mittlerweile überzeugt und hat sich in die Richtung entwickelt, in die Sie auch Ihre Zuhörer bewegen möchten.

Den gespielten Dialog können Sie auch während Ihrer Rede als Unterstützung des roten Fadens und als Höhepunkt einsetzen. Dazu verweisen Sie entweder sprachlich auf die Personen des Einstiegs, „Klaus würde an dieser Stelle vermutlich Folgendes sagen ...", oder Sie steigen zwischenzeitlich tatsächlich wieder in die Szene ein und setzen den Dialog fort.

Mit „big eyes" begeistern

Übung 37

10 min

Material: ein Gesprächspartner, zwei Stühle
Bitten Sie eine Freundin oder einen Freund darum, Sie bei dieser kleinen Übung zu unterstützen.

1 Setzen Sie sich auf zwei Stühle im Abstand von 1,5 Metern einander gegenüber. Tragen Sie Ihrem Partner nun 2 Minuten lang eine alltägliche Begebenheit vor. Achten Sie darauf, dass Sie einen langweiligen Routinevorgang auswählen. Beenden Sie nach 2 Minuten Ihre Erzählung.

2 Tragen Sie anschließend dieselben Inhalte nochmals vor, machen Sie dabei jedoch Ihre Augen weit auf. Bemühen Sie sich darum, die Augen immer wieder weit zu öffnen, wenn Sie zwischenzeitlich in die normale Haltung zurückfallen.

3 Bitten Sie Ihren Partner anschließend um ein Feedback bezüglich der Wirkung der Inhalte: „Wie wirkte die Geschichte beim zweiten Mal auf Dich? Was war jetzt anders außer meinen Augen?"

4 Bitten Sie nun Ihren Partner darum, die Übung durchzuführen, damit Sie als Zuhörer die unterschiedliche Wirkung des Vortrags erleben können.

Lösungstipps

- Möglicherweise erscheint Ihnen die Übung zunächst einmal unnatürlich. Brechen Sie die Übung dennoch nicht ab. Hören Sie sich das Feedback Ihres Partners an - Sie werden überrascht sein, wie unterschiedlich die Wirkung ist.
- Denken Sie bei dieser Übung an kleine Kinder, die Ihnen begeistert Dinge erzählen, die für Sie ganz alltäglich sind, und fragen Sie sich, wie es den Kindern gelingt, Ihre Aufmerksamkeit zu fesseln: Die großen strahlenden Kinderaugen sind die Antwort auf Ihre Frage.

Praxistipps

- Nutzen Sie die „big eyes" in Ihren Vorträgen und geben Sie sich damit selbst einen Impuls zu mehr Begeisterung.
- Sie werden feststellen, diese Begeisterung überträgt sich auf Ihr Publikum und erleichtert Ihnen den Vortrag.

„Big eyes" helfen Ihnen sogar dabei, in einem Vortrag, dessen Inhalte Sie selbst nicht begeistern, die Spannung zu halten..

Raum und Nähe nutzen

Übung 38
Je nach Rededauer

Material: ein leerer Vortragsraum mit Bestuhlung in U-Form, eine Rede, zwei unterschiedlich farbige Textmarker

1. Prüfen Sie Ihre Rede auf Passagen, in denen Sie Ihr Publikum direkt ansprechen. Markieren Sie die Passagen, in denen Sie sich an alle Zuhörer wenden, mit einer Farbe, die Passagen, in denen Sie gezielt einzelne Zuhörer ansprechen, mit einer anderen Farbe.
2. Beginnen Sie nun Ihre Rede dem leeren U vorzutragen. Wählen Sie aus Ihrem Hauptteil eine Passage aus, in der Sie alle Zuhörer ansprechen, und nutzen Sie diese, um von Ihrem Standplatz aus auf die Zuhörer zuzugehen. Drehen Sie dabei bewusst eine Runde entlang des Us von links nach rechts oder umgekehrt.
3. Wählen Sie in einem zweiten Durchgang eine Passage aus, in der Sie einen einzelnen Zuhörer ansprechen. Tragen Sie wieder Ihre Rede vor und gehen Sie dabei gezielt auf den Platz der Person zu, die Sie sich für die direkte Ansprache ausgesucht haben. Bleiben Sie vor dem Platz stehen und sprechen Sie eindringlich in diese Richtung.

Praxistipp

- Besonders geeignet für individuelle persönliche Ansprachen mit räumlicher Annäherung sind Redepassagen, in denen Sie Ihren Inhalten bei bestimmten Personen aggressiv-fordernd Nachdruck verleihen möchten. Sie können die Intensität des Nachrucks durch den Grad der Nähe zur jeweiligen Person steuern: je näher desto stärker ist die Wirkung. Besonders aggressiv wirkt es, wenn Sie sich zudem mit den Händen auf dem Tisch des Zuhörers abstützen bzw. mit einer Hand vor ihm auf den Tisch schlagen.
- Das Abschreiten der Runde ist dann besonders empfehlenswert, wenn Sie nachdenkliche Betroffenheit verstärken möchten. „Meine Damen und Herren – (Pause, schweigend mit Blickkontakt und Kopfnicken weiterlaufen), in Ihren Gesichtern sehe ich, dass Ihnen die Situation noch immer nicht bewusst ist. (Pause, schweigend mit Blickkontakt und Kopfnicken weiterlaufen.) Ich frage mich: Wollen oder können Sie den Ernst des Augenblicks nicht erkennen? (Pause, zurück an den Ausgangspunkt.)"

Wenn Sie mehrere Passagen in Ihrer Rede für einen Weg ins Publikum vorbereitet haben, können Sie diese gezielt dann einsetzen, wenn sich entweder Unaufmerksamkeit ausbreitet oder Unruhe im Publikum herrscht. Durch die körperliche Präsenz zwingen Sie Ihre Zuhörer wieder zu neuer Aufmerksamkeit bzw. unterbinden die Unruhe.

Mit Sprachspielen bewegen

Analogien bilden

Übung 39
1 Stunde

Material: Lexikon, Papier, Stift

1 Versuchen Sie mittels einer Analogie aus dem Bereich der Natur zu erklären, warum es sinnvoll sein kann, als Marktführer in einem bestimmten Bereich einen Newcomer im Markt zu tolerieren, anstatt in zu bekämpfen. Formulieren Sie die Analogie vollständig aus.

2 Wiederholen Sie die Übung mit Thesen aus Ihrem eigenen beruflichen Fachbereich und Analogien aus der Natur, der Medizin, aus dem Sport, aus Technik und Wissenschaft, aus dem Bereich der Kunst und aus Ihrem Alltag.

Lösungstipps

- Bei der Analogiebildung werden die Inhalte eines Sachverhalts aus dem einen Bereich auf Sachverhalte eines anderen Bereichs übertragen. Eine Analogie besteht, wenn mindestens ein Merkmal eines Objektes auch Merkmal des ursprünglichen Sachverhalts ist, z. B.: Der Fehlschlag in einem Projekt und die misslungene Generalprobe am Theater, auf die hin sich der Erfolg einstellt.
- Sammeln Sie deshalb bei dieser Übung zunächst verschiedene Phänomene der Natur und prüfen Sie dann, ob Sie übereinstimmende Sachverhalte finden können.

Lösung

„Meine Damen und Herren, bevor Sie die Entscheidung treffen, unseren neuen Mitbewerber durch Preiskampf vom Markt zu verdrängen, bitte ich Sie, einen Blick auf die Natur zu werfen. Sowohl bei Säugetieren wie bei Fischen gibt es das Phänomen der Parasiten. Sie suchen einen Wirt und leben von diesem. Dennoch bekämpft der Wirt die Parasiten nicht, da sie in der Regel auch eine positive Funktion für ihn haben, beispielsweise dass dessen Schuppen gereinigt werden. Würde der Wirt den Parasiten vernichten, würde er auch die mit ihm verbundenen Vorteile verlieren und im schlechtesten Fall zu Grunde gehen. Und nun bitte ich Sie, sich nochmals unseren aktuellen Fall anzusehen. Handelt es sich bei dem Mitbewerber um einen Parasiten, der uns Kunden abnimmt, die wir mit großem Aufwand bedienen können? Würde ein Preiskampf gegen ihn nicht vielleicht sogar dazu führen, dass wir die Margen bei unseren guten Kunden vernichten und dafür nur Kunden gewinnen, die uns keinen Gewinn bringen? Meine Damen und Herren, lassen wir den Parasiten doch seinen Job tun und sorgen wir dafür, dass sein Revier begrenzt bleibt. Ich appelliere an Sie, unsere positive Bilanz und unsere Zukunftschancen nicht durch voreilige Entscheidungen zu gefährden."

Praxistipp

Analogien sind ein probates Mittel, um Gedankengänge und komplexe Abläufe zu verdeutlichen. Sie können auch die Kraft eines Beweises haben, schließlich ist das, was Sie sagen, in einem anderen Fall bereits nachgewiesen.

Sinnliche Sprache verwenden

Übung 40

30 min

Wiederholungen regelmäßig über mehrere Wochen

Material: Papier, Stift

1 Formulieren Sie den Satz: „Das ist mir völlig unklar" so um, dass Sie einen der drei Kommunikationskanäle Sehen, Hören oder Fühlen ansprechen. Da der Satz bereits den visuellen Kommunikationskanal anspricht, können Sie noch mit dem Tastsinn oder dem Gehör arbeiten.

2 Wiederholen Sie die Übung mit anderen Sätzen, und achten Sie dabei darauf, dass Sie die Kanäle deutlich voneinander unterscheiden:
„Ich stelle mir die folgenden Maßnahmen vor: ..."
„Das klingt gut."
„Das passt mir ausgezeichnet."

3 Formulieren Sie nun eine Passage Ihrer Rede oder der Rede zum Thema E-Commerce, in der Sie den olfaktorischen (riechen) und den gustatorischen (schmecken) Kommunikationskanal ansprechen.

Lösungstipps

Bei der Ansprache von Zuhörern über unterschiedliche Kommunikationskanäle werden sinnliche Erfahrungen aktiviert. Dabei machen Sie es sich zunutze, dass jeder sinnlichen Erfahrung ein definiertes Vokabular entspricht. Folgende Begrifflichkeiten sind beispielsweise jeweils einem Kommunikationskanal zuzuordnen:

- Visuell: rot, leuchtend, klar, sichtbar, dunstig, glänzend
- Auditiv: hören, knallen, tönen, laut, leise, summen
- Kinästhetisch: greifen, spüren, eiskalt, schmerzen, fühlen, warm, kalt
- Gustatorisch: sauer, süß, bitter, salzig, schmecken
- Olfaktorisch: Duft, Geruch, stinken, riechen

Lösung

- „Das *hört* sich für mich wirr an." (auditiv), „Das ist mir völlig *unbegreiflich.*" (kinästhetisch)
- „Ich stelle mir die folgenden Maßnahmen vor: ..." (visuell), „Das klingt, als müssten wir die folgenden Maßnahmen einleiten: ..." (auditiv), „Wir haben also die folgenden Maßnahmen zu durchlaufen: ..." (kinäthetisch)
- „Das klingt gut." (auditiv), „Das scheint in Ordnung zu sein." (visuell), „Ich habe das Gefühl, das ist richtig." (kinästhetisch)
- „Das passt mir ausgezeichnet." (kinästhetisch), „Das leuchtet mir voll ein." (visuell), „Das ist Musik in meinen Ohren." (auditiv)
- „Sie sitzen in der Pizzeria. Aus der Küche weht der *Duft* frischer Pizza in den Gastraum. Noch bevor serviert wird, *schmecken* Sie den letzten Urlaub in der Toskana. Stellen Sie sich nun vor, wenn Sie eine Internetseite des Pizzadienstes anklicken und diese ist so gestaltet, dass die soeben beschriebenen Eindrücke entstehen, obwohl Sie nur eine virtuelle Pizzeria betreten ...."

Praxistipps

- Um Ihnen dabei zu helfen, Ihren Wortschatz in Bezug auf die unterschiedlichen Kommunikationskanäle zu erweitern, empfehle ich Ihnen eine Liste mit mehreren Spalten zu führen, in die Sie regelmäßig Begriffe aus den einzelnen Kommunikationskanälen eintragen. Tragen Sie Redewendungen ebenso ein wie einzelne Worte.
- Wenn Sie und Ihre Zuhörer unterschiedliche Kommunikationskanäle bevorzugen, kann es für Sie schwierig werden, Ihre Informationen an Ihr Publikum zu vermitteln. Sprechen Sie daher wichtige Botschaften und wichtige Aussagen im Rahmen einer Rede mehrfach aus und verwenden Sie dabei jeweils das Vokabular eines anderen Kommunikationskanals. So wird die Wiederholung erstens nicht langweilig für Ihre Zuhörer und zweitens steigt die Chance, dass Ihre Inhalte von allen verstanden werden.

In der Praxis hat es sich als hilfreich erwiesen, visuelle, kinästhetische und auditive Sprache bei der Vermittlung der Hauptinhalte zu mischen und im Bereich von Anekdoten und Geschichten das Vokabular der beiden anderen Kanäle hinzuzunehmen. Anekdoten und Geschichten heben sich dadurch deutlich vom Rest ab und bilden somit Höhepunkte in der Rede.

Fiktive Zitate anführen (Sermocinatio)

Übung 41
5 min

Material: Papier, Stift

1 Stellen Sie aus der Liste der Übung „Den Advocatus diaboli geben“ (siehe S. 68) einige Argumente der Gegenseite zusammen. Formulieren Sie die Argumente dann so um, dass Sie sie der Opposition unter Ihren Zuhörern als Zitat unterschieben können.

2 Überlegen Sie, wie Sie von Ihren fiktiven Zitaten zu Ihren eigenen Argumenten überleiten können.

Lösungstipps

Fiktive Zitate entwickeln dann am meisten Wirkung, wenn sie mit wörtlicher Rede und in Verbindung mit einzelnen Personen vorgetragen werden.

Lösung

- „Herr Dr. Müller, ich höre an dieser Stelle bereits Ihre mahnenden Worte aus dem Controlling: Eine Investition in dieser Größenordnung rechnet sich für unser Unternehmen nicht. Damit berühren Sie einen sensiblen Punkt, doch ich werde Ihnen beweisen, dass Ihre Aussage auf einer falschen Basis beruht.“
- „Meine Herren, aus Ihren Kreisen höre ich immer wieder: Wir haben in der Vergangenheit bereits alles versucht.

Doch ich frage Sie, haben Sie wirklich ALLES versucht? – Nein, denn in Bezug auf ..."

Praxistipps

- Fiktive Zitate eignen sich besonders gut dann, wenn Sie sich mit einem Publikum auseinandersetzen, dessen Argumentation Ihnen wohl vertraut ist.
- Indem Sie wichtige Einwürfe bewusst in Ihrer Rede vorwegnehmen und diese ausdrücklich als Zitat den Zuhörern in den Mund legen, nehmen Sie potenziellen Zwischenrufern die Munition.

Mit fiktiven Zitaten zeigen Sie deutlich, dass Sie gut vorbereitet und jeder Diskussion gewachsen sind.

Gezielte Übertreibung (Hyperbel)

Übung 42
5 min

Material: Papier, Stift

Nehmen Sie die nachfolgenden Sätze und stellen diese übertrieben dar. Achten Sie darauf, dass die wesentliche Aussage von Ihnen dabei extrem zugespitzt und für die Zuhörer dadurch prägnant und deutlich wahrnehmbar wird.

- „Altersvorsorge mit Aktien ist ein riskantes Unterfangen."
- „Die Einführung von SAP in unserem Unternehmen ist wirtschaftlich nicht sinnvoll."

Lösungstipp

Eine Übertreibung können Sie sprachlich sehr schön gestalten, indem Sie den Sachverhalt bildhaft darstellen. Der Rückgriff auf Analogien (siehe Seite 91) ist in diesem Zusammenhang hilfreich.

Lösung

- „Meine Damen und Herren, wenn Ihnen so viel daran liegt, Ihren Lebensabend im Armenhaus zu verbringen, dann rate ich Ihnen dringend dazu, Ihre Altersvorsorge über Aktien zu realisieren!"
- „Mein Nachbar klagte lange Zeit darüber, dass er in seinem Lupo nicht genügend Platz hinter dem Lenkrad finden würde. Gestern erklärte er mir, er würde sich nun einen ausgemusterten Reisebus von Omnibus Wagner kaufen, damit er endlich entspannt seine Großmutter in Frankfurt besuchen könne. Meine Damen und Herren, die Anschaffung von SAP für unser Unternehmen ist, als würden wir für eine einzelne Person und ausschließlich für kurze Strecken einen Reisebus kaufen, bloß weil es uns derzeit nicht möglich ist, eine bestimmte betriebswirtschaftliche Auswertung zu fahren!"

Praxistipp

Damit die Hyperbel ihre volle Wirkung entfalten kann, ist es wichtig, dass die Zuhörer die Übertreibung auch als solche erkennen. Achten Sie daher darauf, dass Sie Ihre Stimme bewusst einsetzen – beispielsweise indem Sie übertrieben laut werden – und die Hyperbel somit kennzeichnen.

Mastertraining für den inspirierten Vortrag

In diesem Kapitel trainieren Sie

- mit dem Publikum in den Dialog zu gehen, ohne das Konzept der Rede zu verlassen,
- mit dem Körper und der Stimme die Grenzen im Auftritt auszureizen und
- rhetorisch gekonnt mit Worten und Sätzen zu spielen.

Darum geht es in der Praxis

Die meisten Reden verpflichten den Zuhörer zu passiver Informationsaufnahme. Leider geht durch diese passive Haltung auch ein großer Teil der sprachlich vermittelten Informationen verloren. Deshalb lohnt es für den Redner, die Zuhörer aus der Passivität zu holen, ohne sich den roten Faden der Rede aus der Hand nehmen zu lassen.

Möglichkeiten dafür sind reichlich vorhanden:

- Der Redner kann das Publikum reizen, Widerspruch herausfordern und damit die Aufmerksamkeit anstacheln.
- Der Redner kann den Zuhörern in klar abgegrenzten Segmenten seiner Rede die Möglichkeit zur Interaktion einräumen und sie damit zu aktiv Handelnden machen.
- Der Redner kann Zwischenrufe provozieren und entsprechend gut vorbereitet reagieren.

Nicht zuletzt kommt der eigenen inspirierenden Art des Vortrags eine hohe Bedeutung zu. Gelingt es dem Redner, sein Publikum durch Wechsel im Vortragsstil immer wieder zu überraschen, wird der Vortrag zu einer Performance – der Zuhörer hört aktiv und aufgeschlossen zu und erinnert sich später wesentlich intensiver an die Inhalte des Vortrags, als dies bei einem „Standard-Vortrag" der Fall ist.

Die Übungen dieses Kapitels dienen dazu, Ihre sprachlichen und körpersprachlichen Fähigkeiten auszubauen und damit Ihre Handlungsspielräume während der Rede zu erweitern.

Führen mit Körper und Stimme

Die Rollen wechseln

Übung 43
10 min

Material: ein Ganzkörperspiegel oder ein Partner

Lesen Sie sich die beiden folgenden Sätze durch und prägen Sie sich einen davon ein:

- „Der Nachmittag steht Ihnen zur freien Verfügung."
- „Die Tage werden immer schöner."

Wenn Sie die Übung mit einem Partner machen, sollte sich jeder von Ihnen für einen der Sätze entscheiden.

1 Treten Sie nun vor den Spiegel oder vor Ihren Partner und sprechen Sie den Satz. Wenn Sie die Übung mit Partner durchführen, dann antwortet Ihr Partner mit seinem Satz. Achten Sie darauf, den Satz genau wie in der Vorgabe zu verwenden, lassen Sie nichts weg und ergänzen Sie nichts.

2 Stellen Sie sich nun vor, Sie sind Offizier und sprechen den Satz gegenüber Ihren Rekruten aus. Wiederholen Sie den Satz mehrfach und achten Sie darauf, wie sich Ihre Stimme und Ihre Körperhaltung ändern.

3 Sprechen Sie den Satz nun in folgenden Rollen. Stellen Sie sich vor:

– Sie wären ein Callboy oder Callgirl und versuchten den anderen, mit diesem Satz zu verführen,

- Sie wären ein Priester, der diesen Satz vergebend zu einem reuigen Sünder spricht,
- Sie wären ein Rocker und begrüßen mit dem Satz einen Kumpel auf einem Rockertreffen.

Versetzen Sie sich je nach Fantasie in weitere Rollen und versuchen Sie, den Satz jeweils so auszusprechen, dass er in der Art, wie Sie ihn aussprechen, und in der Art, wie Sie auftreten, Ihrer Vorstellung der jeweiligen Rolle entspricht.

Lösungstipps

- Diese Übung erfüllt nur dann ihren Zweck, wenn Sie sich die Situation und die Rolle, in der Sie den Satz sprechen, intensiv vorstellen, bevor Sie beginnen.
- Achten Sie darauf, dass Ihr Auftreten Ihren eigenen Vorstellungen von einem General, einem Pfarrer oder einem Rocker tatsächlich entspricht. Wenn nicht, wiederholen Sie die Übung so lange, bis Sie mit Ihrer Darstellung zufrieden sind.
- Hilfreich ist es außerdem, wenn Sie zwischen den Übungen notieren, was sich in den verschiedenen Rollen jeweils verändert. Beispielsweise die aufrechte Haltung und die kommandierende Stimme, wenn Sie in die Rolle des Offiziers schlüpfen.

Praxistipp

- Der Einsatz unterschiedlicher Rollen im Rahmen einer Rede ist vielfältig. So ist der Offizier beispielsweise dann geeignet, wenn Sie vor einer Gruppe in schwierigen Situationen Haltung bewahren müssen oder präzise Anweisungen geben wollen, die keinen Widerspruch zulassen. Den Callboy oder das Callgirl hingegen können Sie verwenden, wenn Sie die Gruppe umschmeicheln wollen. In beiden Situationen hilft Ihnen die Vorstellung einer Rolle dabei, die geeignete Stimmführung und die passende Körpersprache zu finden.
- Nutzen Sie die Möglichkeiten der Rollenvielfalt, so werden Sie feststellen, dass es Ihnen wesentlich leichter gelingt, die Aufmerksamkeit einer Gruppe über einen längeren Zeitraum zu halten. Sie werden damit auch keinesfalls lächerlich wirken, denn Sie spielen keine fremde Rolle, sondern Sie interpretieren eine Rollenvorgabe mit Ihren Stimm- und Körpermitteln. Dies führt dazu, dass Sie authentisch bleiben.

Rollenwechsel sind keine schauspielerische Leistung. Vielmehr geht es darum, dass Sie Ihre inneren Bilder in eine sichtbare Handlung umsetzen und dadurch Ihr Spektrum an Möglichkeiten hinsichtlich Körpersprache und Stimme vielfältiger nutzen.

Drohen

Übung 44
15 min

Material: Kassettenrekorder oder Videokamera, Spiegel

1 Sprechen Sie den Satz „Meine Herren, es ist allerhöchste Zeit, dass Sie aktiv werden!" drohend aus.

2 Verschieben Sie im Folgenden die Betonung auf unterschiedliche Worte des Satzes. Verändern Sie die Lautstärke. Legen Sie bewusst Pausen ein und lassen Sie Teile des Satzes Augenblicke lang in der Luft hängen. Unterstützen Sie den Satz durch unterschiedliche Gestik und Mimik. Setzen Sie dabei mal mehr, mal weniger Gestik ein.

Lösungstipps

Sollte Ihnen die Umsetzung schwer fallen, versuchen Sie, die kursiv geschriebenen Worte zu betonen:

- „*Meine Herren*, es ist allerhöchste Zeit, dass Sie aktiv werden!"
- „Meine Herren, es ist *allerhöchste Zeit*, dass Sie aktiv werden!"
- „Meine Herren, es ist allerhöchste Zeit, *dass Sie* aktiv werden!"

Auch Pausen können Sie an unterschiedlichen Stellen im Satz wirkungsvoll einbauen. Probieren Sie Pausen an den durch (...) gekennzeichneten Stellen aus:

- „Meine Herren, (...) es ist allerhöchste Zeit, dass Sie aktiv werden!"
- „Meine Herren, es ist allerhöchste Zeit, (...) dass Sie aktiv werden!"
- „Meine Herren, es ist allerhöchste Zeit, dass Sie (...) aktiv werden!"

Gehen Sie an die Grenzen Ihrer stimmlichen Möglichkeiten. Flüstern Sie, zischeln Sie, donnern Sie los und kombinieren Sie diese verschiedenen Elemente miteinander.

Praxistipp

Auch wenn es befremdlich erscheinen mag, in einer Rede bewusst auf Drohung zu setzen, die Praxis zeigt, dass häufig Nachdruck erforderlich ist, um eine Gruppe zu bewegen.

Auf die Tränendrüse drücken

Übung 45

15 min

Material: Kassettenrekorder oder Videokamera, Spiegel

1 Sprechen Sie den Satz „Ich bin mir nicht sicher, welche Möglichkeiten wir jetzt noch haben" so aus, dass die Zuhörer Mitleid empfinden.

2 Experimentieren Sie mit Pausen, mit einer brechenden Stimme, mit Wiederholungen und Satzabbrüchen. Setzen Sie mal mehr mal weniger Gestik ein.

Lösung

Typisch für den Versuch auf Mitleid zu spielen, sind die folgenden Varianten:

- „Ich (Abbruch) ..., ich, ich bin mir nicht sicher, welche Möglichkeiten wir jetzt noch haben."
- „Ich (Pause) ... bin mir nicht sicher, welche Möglichkeiten wir jetzt noch haben."
- (emotionales Schnaufen) „Ich bin mir nicht sicher, welche Möglichkeiten wir jetzt noch haben."
- „Ich bin mir nicht sicher (hinsetzen, Pause) ... welche Möglichkeiten wir jetzt noch haben."

Praxistipps

- Das Spiel mit der Tränendrüse wird in der Regel dann verwendet, wenn mit Drohung und Aufforderung nichts mehr zu erreichen ist.
- Geschulte Redner spielen in einer solchen Situation häufig auch mit dem Abbruch der Rede und lassen sich von ihrem Publikum bitten, die denkbaren Perspektiven doch wenigstens noch zu benennen.
- Auf diese Weise wird das Publikum mit in die Verantwortung für die Inhalte genommen und die Bereitschaft zur Umsetzung steigt.

So wird Ihr Publikum aktiv

Mit geschlossenen Fragen interagieren

Übung 46
10 min

Material: Papier, Stift

1 Prüfen Sie Ihre Redeinhalte daraufhin, an welcher Stelle Sie Ihrem Publikum eine geschlossene Frage stellen können. Formulieren Sie die Frage aus.

2 Legen Sie fest, wie Sie auf die unterschiedlichen Antwortmöglichkeiten reagieren. Schreiben Sie dies auf.

3 Sie können Ihre Reaktionen auch an folgendem Beispiel üben: In einer Rede zur Einführung des Online-Buchungssystems für Bahnfahrer stellen Sie die Frage: „Fahren Sie mehr als fünfmal im Jahr mit der Bahn?"

Lösungstipps

- Eine geschlossene Frage bietet dem einzelnen Zuhörer zwei Möglichkeiten zu antworten: zustimmend oder ablehnend, mit Ja oder Nein. Ihre Frage darf also nicht mehr als zwei Antwortmöglichkeiten zulassen.
- Da in einer größeren Gruppe überwiegend „Ja"-Antworten genauso wahrscheinlich sind wie überwiegend „Nein"-Antworten, außerdem noch die Möglichkeit einer Gleichverteilung oder die gar keiner Reaktion besteht, haben Sie vier Varianten vorzubereiten.

Lösung

„Fahren Sie mehr als fünfmal im Jahr mit der Bahn?" Mögliche Reaktionen

- bei überwiegend Ja-Antworten: „Ich sehe, die meisten von Ihnen sind häufige Bahnfahrer, so dass für Sie die Nutzung des Online-Buchungssystems hilfreich ist, doch auch für die anderen könnte das System ein Anreiz sein, aufgrund der bequemen Buchung von zu Hause oder dem Büro aus künftig öfter mit der Bahn zu fahren."
- bei überwiegend Nein-Antworten: „Ich sehe, die meisten von Ihnen fahren selten oder nie mit der Bahn. Möglicherweise liegt dies daran, dass Ihnen das Online-Buchungssystem nicht vertraut ist. Doch auch für die Bahnfahrer unter Ihnen stellt es eine deutliche Erleichterung bei der Beschaffung der Tickets dar."
- bei einer Gleichverteilung der Antworten: „Ich sehe, einige von Ihnen sind Bahnfahrer, andere nicht. Unabhängig davon, ob Sie es bereits sind oder nicht, lohnt es, einen Blick auf die Möglichkeiten des Online-Buchungssystems zu werfen."
- bei ausbleibender Publikumsreaktion: „Meine Damen, meine Herren. Ich bin sicher unter Ihnen sind sowohl Bahnfahrer als auch Nicht-Bahnfahrer. Unabhängig davon, ob Sie es bereits sind oder nicht, lohnt es, einen Blick auf die Möglichkeiten des Online-Buchungssystems zu werfen."

Praxistipps

- Geschlossene Fragen sind ein Hilfsmittel, um das Publikum zu stimulieren, aber auch, um einem aktiv gestimmten Publikum definierte Spielräume zur Aktion zu geben.
- Mit dieser Frageart behalten Sie die Führung und durch die Eingrenzung der möglichen Antworten auf Ja und Nein kann Ihnen der rote Faden nicht entrissen werden.

Mit thematisch begrenzten Fragen interagieren

Übung 47
10 min

Material: Papier, Stift

1 Überprüfen Sie Ihre Rede, an welcher Stelle Sie dem Publikum eine thematisch begrenzte Frage stellen können. Formulieren Sie diese. Legen Sie fest, wie Sie auf mögliche Antworten reagieren und schreiben Sie auch diese auf.

2 Üben Sie an folgendem Beispiel: Wie würden Sie auf die möglichen Antworten zur Frage „Auf welchem Weg werden in Ihrem Unternehmen wichtige Informationen an die Mitarbeiter weitergeleitet?" reagieren?

Lösungstipps

Eine thematisch begrenzte Frage zielt darauf ab, unterschiedliche Stimmen zu einem klar umrissenen Thema abzufragen, ohne dass Sie konkret auf die Antworten eingehen. Stellen Sie beispielsweise dem Publikum die Frage nach der persönlichen Lieblingsfarbe, so können Sie als Antwort ein breites Farbspektrum erwarten. Ihre Reaktion wird daher in aller Regel in Richtung der Vielschichtigkeit zielen.

Lösung

„Auf welchem Weg werden in Ihrem Unternehmen wichtige Informationen an die Mitarbeiter weitergeleitet?"

- Mögliche Antworten: „Über Gespräche mit Vorgesetzten." „Per Mail." „Aushang am schwarzen Brett." „Intranet." „Informationsveranstaltungen."
- Geplante Reaktion: „Ich höre, dass die unterschiedlichsten Wege in Ihrem Unternehmen existieren. Doch durch die Unterschiedlichkeit der Wege werden auch die Inhalte unterschiedlich kommuniziert. Ein Informationschaos und die Entstehung von Gerüchten sind die übliche Folge."

Praxistipps

- Aufgrund der scheinbaren Offenheit der Frage, die aus den Antwortmöglichkeiten resultiert, ist diese Frageart gut geeignet, dem Publikum zeitweilig das Feld zu überlassen. Selbst kurze Diskussionen sind möglich, sofern der Redner einschreitet, wenn das Thema verlassen wird.
- Die Sicherheit eines in jedem Fall passenden Übergangs von den Antworten zum nächsten Redeabschnitt erlaubt dem Redner, dem Publikum die angesprochene Freiheit einzuräumen.

Mit offenen Fragen interagieren

Übung 48
10 min

Material: Papier, Stift

1 Überprüfen Sie Ihre Redeinhalte daraufhin, an welcher Stelle Sie Ihr Publikum über eine offene Frage zur Aktion animieren können. Formulieren Sie die Frage aus.

2 Legen Sie dann fest, wie Sie Ihre Zuhörer einschätzen und welche Antworten besonders wahrscheinlich sind. Bereiten Sie sich dann auf diese Antworten gezielt vor. Schreiben Sie Ihre geplante Reaktion auf.

Lösungstipps

- Offene Fragen werden auch als W-Fragen bezeichnet. Wie, welche, womit, warum sind Beispiele für einleitende Worte einer offenen Frage.
- Die möglichen Antworten auf eine solche Frage sind unbegrenzt. Stellen Sie sich vor, in einem Vortrag wird Ihnen dargestellt, wie in der Vergangenheit in Ihrem Unternehmen gearbeitet wurde. Dann folgt die Frage: „Welche Erfahrungen haben Sie mit dieser Form der Arbeit gemacht?" Das Antwortspektrum ist riesig. Damit schwindet auch Ihre Chance, sich auf die Antworten vorzubereiten, es sei denn, Sie schätzen Ihre Zuhörer individuell ein und kalkulieren aufgrund Ihrer Erfahrung mit den einzelnen Personen, wie diese auf Ihre Frage reagieren werden.

Praxistipps

- Offene Frage bieten den Zuhörern die maximale Möglichkeit, sich in den Vortrag einzubringen. Sie bergen damit aber auch das maximale Risiko, dass Ihnen die Führung und der rote Faden entgleiten. Aus diesem Grund rate ich Ihnen dazu, die offene Frage ans Ende Ihrer Rede zu stellen und so die Überleitung zur Diskussion zu schaffen.
- Während der Rede kann es lediglich ein Stimmungsbild sein, welches Sie auf diese Art abfragen. Achten Sie darauf, die Diskussion rechtzeitig wieder zu unterbrechen.

Die Lücke planen

Übung 49

5–10 min

Material: Kassettenrekorder oder Videokamera

1 Tragen Sie nach dem Muster Aussage – Begründung – sachlich-faktischer Beweis für die Begründung – emotional-anschauliches Beispiel zur Begründung – Schlussfolgerung ein Argument vor, z. B. zum Thema „E-Commerce jetzt" oder zu einem Thema Ihrer Wahl.

2 Passen Sie die Formulierungen in Aussage und Begründung so an, dass es danach aussieht, als wollten Sie keinerlei Belege für Ihre Begründung liefern. Experimentieren Sie damit, vor dem sachlich-faktischen Beweis eine lange Pause zu machen, die so wirkt, als sei das Argument bereits abgeschlossen. Variieren Sie die Reihenfolge der Belege; bringen Sie zunächst das emotional-anschauliche Beispiel und legen dann eine längere Pause ein.

3 Zeichnen Sie die Möglichkeiten auf Kassette oder Video auf und prüfen Sie, welche Variante Sie als Zuhörer am meisten dazu reizt, die fehlenden Fakten einzufordern.

Lösungstipp

Überlegen Sie, welchen Zuhörer Sie zu einer Reaktion herausfordern möchten. Ist es der Controller, dem mangelnde Fakten ein Graus sind, oder der Geschäftsführer, der jede Lücke nutzt, um seine Meinung Kund zu tun. Sprechen Sie diese Person mit Namen an, um die Reaktion sicherzustellen.

Flexibel denken, flexibel sprechen

Dissoziieren und sinnentleeren

Übung 50
2–3 min

Material: ein beliebiger Alltagsgegenstand

1. Nehmen Sie einen Gegenstand aus Ihrem Alltag, z.B. einen Radiergummi. Suchen Sie sich einen Ort aus, an dem Sie alleine sind und nicht gestört werden.
2. Sprechen Sie die Bezeichnung des Gegenstands vor sich hin: „Radiergummi, Radiergummi, Radiergummi ...". Merken Sie, wie sich nach einiger Zeit die Bedeutung des Wortes „Radiergummi" verändert? Der Begriff scheint nicht mehr zum Gegenstand zu passen, ist seines Sinnes entleert. Setzen Sie die Übung 2–3 Minuten fort.
3. Wiederholen Sie die Übung immer wieder einmal mit unterschiedlichen Begrifflichkeiten.

Praxistipps

- Schlagfertigkeit hat viel damit zu tun, hinter die Dinge zu sehen und wahrzunehmen, was mit einer Aussage neben dem Vordergründigen noch gemeint sein kann. Allerdings ist uns durch die ständige Verwendung von Begriffen in demselben Zusammenhang die Fähigkeit abhanden gekommen, Alternativen wahrzunehmen.
- Diese Übung fördert Ihre Dissoziationsfähigkeit und schafft damit die Grundlage für die Fähigkeit zur spontanen Assoziation.

Gegenstände morphen

Übung 51
5 min

Material: ein großer Raum mit Platz für Bewegung und vielen Gegenständen, eine Stoppuhr

1. Gehen Sie durch den Raum und sehen Sie sich die Gegenstände dort gut an. Nehmen Sie wahr, was vorhanden ist an Einrichtung und fest installierten Dingen.
2. Starten Sie Ihre Stoppuhr und gehen Sie eine Minute lang durch den Raum. Zeigen Sie dabei auf die verschiedenen Dinge mit dem Finger und benennen Sie die Dinge um (z. B. Fernseher in Straßenkater). Zeigen Sie während dieser Zeit auf so viele Gegenstände wie möglich und geben Sie allen einen neuen Namen.
3. Gehen Sie nach dieser Minute nochmals durch den Raum und erinnern Sie sich an die neuen Namen.
4. Wiederholen Sie die Übung und benennen Sie die Gegenstände erneut um. Steigern Sie das Tempo. Denken Sie nicht nach, sondern nehmen Sie Bezeichnungen, die Ihnen spontan einfallen.
5. Fantasieren Sie im nächsten Schritt Geschichten zu den Gegenständen mit Ihren neuen Bezeichnungen. Erzählen Sie sich, wie Sie zu dem jeweiligen Gegenstand gekommen sind, welche Erinnerungen Sie damit verbinden. Die Geschichten und Erinnerungen sollen dabei ausschließlich etwas mit dem neuen Namen zu tun haben.

Lösungstipps

Die Schwierigkeit bei dieser Übung besteht darin, sich vom Gewohnten zu lösen. Viele Menschen kommen sich auch verrückt vor, wenn Sie aus einem „Buch" ein „Bügeleisen" machen sollen. Um Ihre Assoziationsfähigkeit zu unterstützen, achten Sie bei der Übung darauf, was Sie zu einer neuen Bezeichnung inspirieren könnte:

- die Farbe des Gegenstands,
- ein sichtbarer Defekt / eine sichtbare Verformung,
- die Position des Gegenstands im Raum,
- der Gegenstand in Verbindung mit einem Geräusch,
- die Oberflächenbeschaffenheit des Gegenstands.

Praxistipps

- Schlagfertigkeit und die Fähigkeit zu spontaner Assoziation hängen eng miteinander zusammen. Die vorhergehende Übung zur Dissoziation und diese Übung zur Assoziation helfen Ihnen dabei, in der Redesituation flexibel zu reagieren und die Angst vor Fehlern abzubauen – denn schlagfertige Reaktionen können auch völlig daneben liegen, ohne ihre Wirkung einzubüßen.
- Diese Übung hilft Ihnen auch dabei, Metaphern und Analogien zu finden, da Sie lernen, den Dingen neue Funktionen und Eigenschaften zuzuordnen – eine wichtige Fähigkeit für einen guten Redner.

Rhetorische Stilmittel anwenden

Mit Anspielungen stimulieren (Allusion)

Übung 52
2–5 min

Material: Papier, Stift, eine durchstrukturierte Rede

1. Greifen Sie sich aus Ihrer Rede eine Aufzählung heraus (falls Sie keine Rede parat haben z. B. zum Thema „Das Verhältnis zwischen Außendienst und Entwicklungsabteilung“). Definieren Sie zwei Punkte, die Sie benennen möchten, und einen Punkt, der, ohne genannt zu werden, von Ihren Zuhörern gedacht werden soll.
2. Formulieren Sie dann die Aufzählung so um, dass der dritte Punkt nur angedeutet, aber nicht ausgesprochen wird.

Lösungstipp

Angenommen Sie wollen Ihre Zuhörer auf mangelnde Qualität in den Produktionsprozessen hinweisen. Wichtige Punkte in Ihrer Argumentation sind die nachlässige Qualitätskontrolle, die unzureichende Schulung und das fehlende Engagement der Mitarbeiter. Wenn Sie nun das fehlende Engagement direkt ansprechen würden, könnten Sie mit einem Proteststurm rechnen. An dieser Stelle verwenden Sie die Allusion und deuten den Engagementmangel lediglich an, während Sie die beiden ersten Punkte direkt benennen.

Lösung

„Meine Herren, es gibt drei Verhaltensmuster, die unter Verkäufern weit verbreitet sind und im Verhältnis zur Entwicklung eine entscheidende Rolle spielen. Erstens die Gewohnheit, dem Kunden stets Dinge zu versprechen, die entwicklungsseitig derzeit noch nicht möglich sind. Zweitens die Unart, intern vereinbarte Termine beim Kunden kurzerhand nach vorne zu verlegen. Und drittens das Thema Selbsteinschätzung, über das ich mich hier nicht näher auslassen möchte, da Sie, meine Herren, sicherlich oft genug erlebt haben, wie die Mitarbeiter der Entwicklung Sie wohl wahrnehmen."

Praxistipps

- Anspielungen (Allusionen) sorgen dafür, dass im Kopf des Zuhörers ein Film abläuft. Ihm bleibt nichts anderes übrig, als mitzudenken.
- Dabei werden Emotionen angesprochen und wie im vorliegenden Beispiel, der an den Außendienst gerichteten Rede, Aussagen in den Raum gestellt, die ausgesprochen sofort den Protest der Anwesenden provoziert hätten.

> Dadurch, dass die Aussage individuell im Kopf der Zuhörer gebildet wird, kommt es zu einer ehrlichen Direktheit in der Rede, die das Redeziel optimal unterstützt.

Den Höhepunkt verdeutlichen (Anapher)

Übung 53
2–5 min

Material: Papier, Stift, eine durchstrukturierte Rede

1 Gestalten Sie folgende Sätze so um, dass eines oder mehrere syntaktisch beherrschende Wörter am Anfang aufeinander folgender Sätze oder Satzteile wiederholt werden. Achten Sie darauf, dass diese etwa gleich lang sind.
   - Die Aufgabe einer reformierten Arbeitsmarktpolitik ist es, für die jungen Menschen, die Senioren und für künftige Generationen gleichermaßen zu sorgen.
   - Die wirtschaftliche Situation der Länder, des Bundes und der Unternehmen ist auf Tatenlosigkeit zurückzuführen.

2 Wählen Sie in Ihrer Rede einen Inhalt aus, der aufzählenden Charakter hat. Gestalten Sie ihn wie oben um.

Lösung

- „*Sorgen Sie für die* jungen Menschen und geben Sie Ihnen Arbeit. *Sorgen Sie für die* Senioren und schicken Sie sie nicht mit 55 in den Ruhestand. *Sorgen Sie für die* heutige und künftige Generationen, indem Sie endlich Ihre Arbeitsmarktpolitik reformieren!"
- „*Die wirtschaftliche Situation* der Länder ist traurig, *die wirtschaftliche Situation* des Bundes ist traurig und *die wirtschaftliche Situation* der Unternehmen ist traurig: und Sie, Sie legen die Hände in den Schoß!"

Praxistipps

- Aufgrund ihrer rhythmischen und einprägsamen Struktur ist die Anapher gut geeignet, wichtige Aussagen im Gedächtnis der Zuhörer zu verankern.
- Sie ist ein hervorragendes Mittel, um einen sprachlichen Höhepunkt in Ihrer Rede zu gestalten.

Achten Sie darauf, dass Sie die Anapher – ebenso wie andere rhetorische Stilmittel – nicht inflationär einsetzen, sondern sie im Laufe Ihrer Rede nur einmal und streng zielgerichtet verwenden.

Wörter versinnlichen (Diärese)

Übung 54
2–5 min

Material: Papier, Stift, eine durchstrukturierte Rede

1 Finden Sie jeweils einen Oberbegriff in den folgenden Sätzen und ersetzen Sie diesen Oberbegriff in einem Satz durch bildliche Details. Ihr Satz wird dadurch länger und blumiger, bleibt aber dem Sinn nach gleich. Überprüfen Sie, ob die Aussage des Satzes noch immer mit der ursprünglichen Aussage übereinstimmt.
   - Die Veränderungen werden unser ganzes Unternehmen betreffen.
   - Ohne ehrenamtliches Engagement ist eine erfolgreiche Arbeit im Verein nicht möglich.

2 Suchen Sie nun in Ihrer Rede Oberbegriffe heraus und gestalten Sie sie nach diesem Schema.

Lösungstipp

Die meiste Wirkung erzielen Sie mit dieser rhetorischen Technik, wenn Sie aus Ihren Inhalten die Oberbegriffe auswählen, die durch die bildlichen Details am stärksten die Vorstellungskraft und die Emotionen Ihrer Zuhörer ansprechen.

Lösung

Originalsatz: „Die Veränderungen werden unser ganzes Unternehmen betreffen."
Oberbegriff: „Unternehmen"
Diärese: „An der Pforte, in der Fertigung, in jedem einzelnen Büro, in jeder Abteilung und in den Vorstandsetagen werden die Veränderungen spürbar sein."

Originalsatz: „Ohne ehrenamtliches Engagement ist eine erfolgreiche Arbeit im Verein nicht möglich."
Oberbegriff: „ehrenamtliches Engagement"
Diärese: „Ohne Sie, die Abend für Abend unentgeltlich den Nachwuchs trainieren, ohne unsere engagierten Eltern, die die Kinder zu Wettkämpfen fahren und ohne meine Kollegen hier, die neben dem Beruf noch die Vorstandsarbeit leisten, ohne Sie alle wäre unser Verein nicht so erfolgreich!"

Praxistipps

- Anstelle eines abstrakten Oberbegriffs werden konkret die einzelnen Bestandteile vorgestellt, damit steigt der Grad der persönlichen Betroffenheit stark an. Auch die Fantasie der Zuhörer wird angeregt.
- Die Wirkung lässt sich durch Einbindung einer weiteren rhetorischen Technik, der *Correctio* (Selbstberichtigung), häufig noch steigern. In unserem Beispiel könnte der Satz dann so lauten: „An der Pforte, in der Fertigung, in jedem einzelnen Büro, in jeder Abteilung und in den Vorstandsetagen – was sage ich, im ganzen Unternehmen werden die Veränderungen spürbar sein."

Worte verdoppeln (Geminatio)

Übung 55

2–5 min

Material: Papier, Stift, eine durchstrukturierte Rede, Kassettenrekorder

1 Wählen Sie in Ihrer Rede Passagen aus, denen Sie besonderen Nachdruck verleihen möchten. Markieren Sie dann die Worte, die Sie normalerweise am stärksten betonen würden, um ihre Wirkung zu unterstreichen. Als Beispielsätze können Sie alternativ folgende verwenden:

- „Engagement ist der Schlüssel zu unserem Erfolg."
- „Niemand hat das Recht Ihnen Vorschriften zu machen."
- „Fremdenfeindlichkeit fordert Ihre Zivilcourage."
- „Das ist endgültig Vergangenheit, es zählt die Zukunft."

2 Sprechen Sie die Passagen, indem Sie eines der unterstrichenen Worte verdoppeln. Probieren Sie es dann mit anderen unterstrichen Worten. Experimentieren Sie damit, zwischen den wiederholten Worten kürzere und längere Pausen einzufügen. Zeichnen Sie Ihre Versuche mit einem Kassettenrekorder auf.

3 Hören Sie sich im Anschluss Ihre Versuche nochmals an und achten Sie darauf, wie sich die Wirkung in den einzelnen Passagen durch die gezielte Verdoppelung verändert hat.

Lösung

- *Originalsatz*: „Engagement ist der Schlüssel zu unserem Erfolg." *Mit Verdoppelung*: „Engagement. Engagement ist der Schlüssel zu unserem Erfolg."
- *Originalsatz*: „Niemand hat das Recht Ihnen Vorschriften zu machen." *Mit Verdoppelung*: „Niemand, niemand hat das Recht, Ihnen Vorschriften zu machen."
- *Originalsatz*: „Fremdenfeindlichkeit fordert Ihre Zivilcourage." *Mit Verdoppelung*: „Fremdenfeindlichkeit fordert Ihre Zivilcourage. Zivilcourage."
- *Originalsatz*: „Das ist endgültig Vergangenheit, es zählt die Zukunft." *Mit Verdoppelung*: „Das ist endgültig Vergangenheit, Vergangenheit, es zählt die Zukunft."

Praxistipps

- Die Verdoppelung einzelner Begriffe steigert die Behaltensquote des Gesagten enorm, da der Redner dem Publikum direkt signalisiert, worauf es ankommt, und die Zuhörer dabei unterstützt, Wesentliches von Unwesentlichem zu trennen.
- Die Geminatio ist ein rhetorischer Kunstgriff, der leicht zu handhaben ist, und daher auch spontanen, unvorbereiteten Reden Nachdruck verleihen kann.

Die Spannung steigern (Klimax)

Übung 56
2–5 min

Material: Papier, Stift, eine durchstrukturierte Rede, Kassettenrekorder

1 Steigern Sie folgende Aussagen mit Hilfe sprachlicher Umschreibungen und bildhafter Ausdrücke zunächst schwach, dann stärker und schließlich sehr stark: „Die weltweite Vernetzung via Internet ist heute unser aller Alltag."

2 Wählen Sie nun aus Ihrer Rede eine Passage, die Sie zu einem Höhepunkt machen wollen und formulieren Sie diese wie beschrieben um. Sprechen Sie die Passage im Original und als Steigerung (Klimax). Hören Sie sich anschließend die beiden Varianten an und vergleichen Sie die Wirkung.

Lösungstipp

Dem Aufbau einer Klimax können Sie sich auf zwei unterschiedlichen Wegen annähern:

- Sie untersuchen Ihre Aussagen auf Endzustände, im Beispielsatz ist dies der Begriff *Alltag*, und untersuchen dann, was vor diesem Zustand gewesen sein muss.
- Oder Sie suchen die momentane Situation heraus und spitzen diese zu, indem Sie künftige Szenarien skizzieren.

Lösung

Die weltweite Vernetzung via Internet *war eine Vision*, dann wurde sie für *einige Wenige Realität*, heute ist sie ein *fester Bestandteil in unser aller Alltag*."

Stichwortverzeichnis

Der Autor

Peter Flume

studierte Allgemeine Rhetorik am Lehrstuhl von Walter Jens/Tübingen. Seit 1989 mit seinem Trainings- und Beratungsinstitut RhetoFlu als Trainer für Rhetorik, Kommunikation und Führung aktiv, hat er sich in der Branche den Ruf des Kreativen erworben. 1997 gründete er zusammen mit Schauspielern und Beratungskollegen das Unternehmenstheater vitaminT4change. Für seine Trainingsarbeit im Rahmen von vitaminT4change wurde er 2002 mit dem Internationalen Deutschen Trainingspreis und der Goldmedaille in der Kategorie Vertrieb ausgezeichnet.

RhetoFlu – Peter Flume, Neckartailfinger Str. 1, 72622 Nürtingen
Tel.: 0 70 22 – 5 02 95 21, E-Mail: info@rhetoflu.com
www.rhetoflu.com, www. vitamint4change.de

Systemvoraussetzungen für die CD-ROM

Microsoft Windows ® 2000 SP4, XP SP2, 2003, Vista; ab Pentium ® III Prozessor oder Kompatible ab 500 MHz, 256 MB Hauptspeicher, Grafikauflösung mind. 1024 x 768, 16 Bit Farbtiefe, 150 MB Festplattenspeicher.

So installieren Sie die CD_ROM:

- Legen Sie die CD_ROM in das Laufwerk Ihres PCs.
- Wählen Sie über das START_Menü den Punkt „Ausführen".
- Geben Sie im „X:/setup" ein (wobei X der Buchstabe Ihres CD-ROM-Laufwerks ist) und bestätigen Sie die Eingabetaste.

Die Installation wird gestartet. Folgen Sie einfach der Anleitung des Programms.

TaschenGuides – Qualität entscheidet

Bereits erschienen:

Der Betrieb in Zahlen

- 400 € Mini-Jobs
- Balanced Scorecard
- Betriebswirtschaftliche Formelsammlung
- Bilanzen lesen
- Buchführung
- Businessplan
- BWL Grundwissen
- BWL – die 100 wichtigsten Fakten
- Controllinginstrumente
- Deckungsbeitragsrechnung
- Einnahmen-Überschussrechnung
- Finanz- und Liquiditätsplanung
- Die GmbH
- IFRS
- Kaufmännisches Rechnen
- Kennzahlen
- Kleines Lexikon Rechnungswesen
- Kontieren und buchen
- Kostenrechnung
- Kleine mathematische Formelsammlung

Mitarbeiter führen

- Besprechungen
- Führungstechniken
- Die häufigsten Managementfehler
- Management
- Managementbegriffe
- Mitarbeitergespräche
- Moderation
- Motivation
- Projektmanagement
- Spiele für Workshops und Seminare
- Teams führen

Karriere

- Assessment Center
- Existenzgründung
- Ich-AG – mit Gründerzuschuss selbstständig
- Jobsuche und Bewerbung
- Vorstellungsgespräche

Geld und Specials

- Sichere Altersvorsorge
- IGeL – Medizinische Zusatzleistungen
- Immobilien erwerben
- Immobilienfinanzierung
- Die neue Rechtschreibung
- Eher in Rente
- Web 2.0
- Zitate für Beruf und Karriere
- Zitate für besondere Anlässe

Persönliche Fähigkeiten

- Allgemeinwissen Schnelltest
- Ihre Ausstrahlung
- Business-Knigge – die 100 wichtigsten Benimmregeln
- Mit Druck richtig umgehen
- Emotionale Intelligenz
- Entscheidungen treffen
- Fitness für Beruf und Karriere
- Gedächtnistraining
- Glück!
- IQ-Tests
- Knigge für Beruf und Karriere
- Knigge fürs Ausland
- Kreativitätstechniken
- Manipulationstechniken
- Mind Mapping
- Nein sagen
- NLP
- Schneller lesen
- Selbstmanagement
- Sich durchsetzen
- Soft Skills
- Stress ade
- Verhandeln
- Yoga für Beruf und privat
- Zeitmanagement